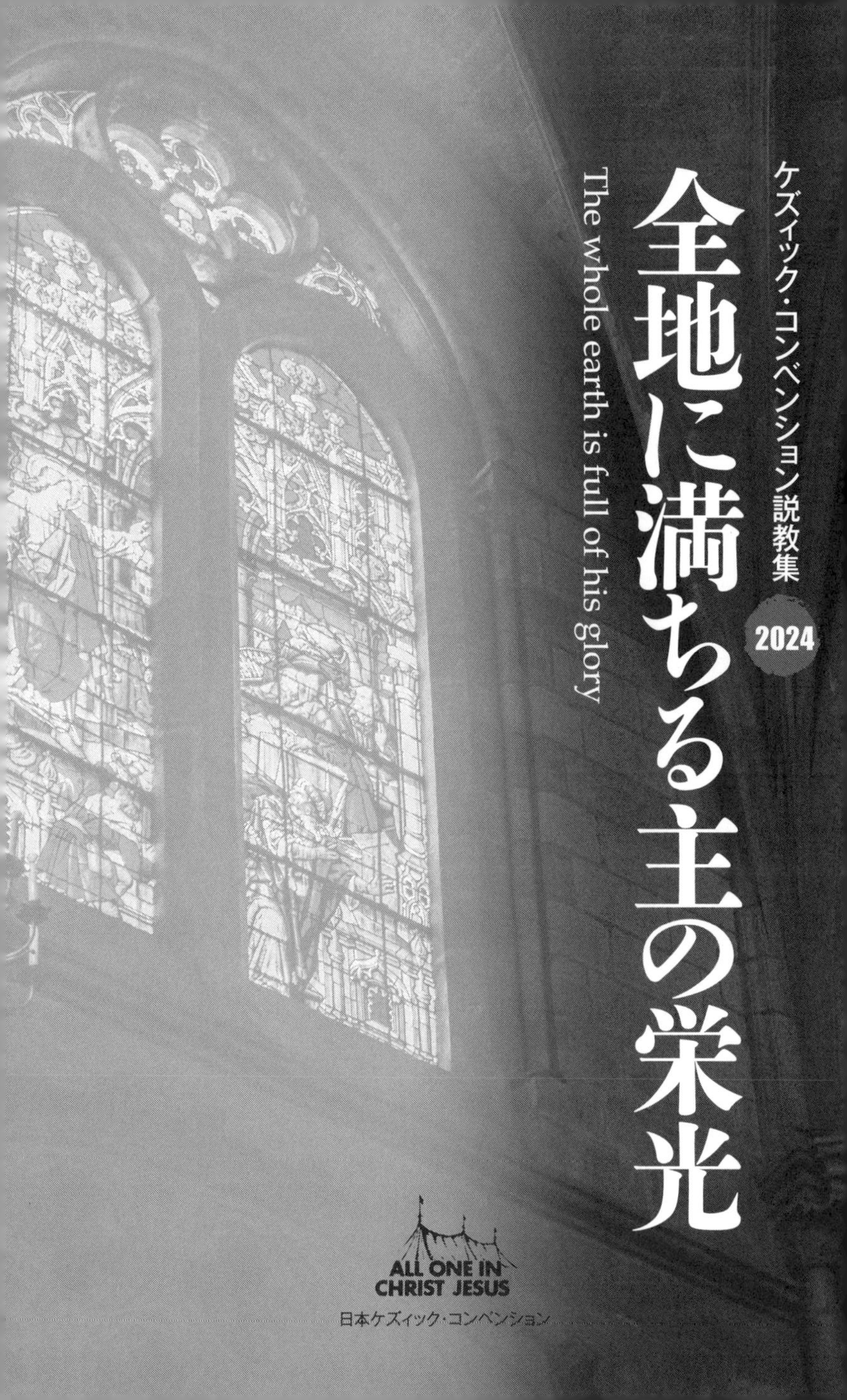

ケズィック・コンベンション説教集 2024

全地に満ちる主の栄光

The whole earth is full of his glory

ALL ONE IN CHRIST JESUS

日本ケズィック・コンベンション

序文　ケズィック説教集の喜び

ケズィック・コンベンション東京委員会 委員長　錦織　寛

今年もケズィックの説教集を読む。読んでいると、この2月に語られた御言葉の響きがもう一度新しく響いてくる。そうそうこの御言葉を聞いたのだと、その時の記憶がよみがえってくる。もう一度、その時した神の前における信仰の決断を取り戻していく。これはいい。実際の大会に出席し、後でもう一度、文章になったその説教を読み返す。なんとぜいたくな時間なのだ。

ケズィック・コンベンションは１８７５年に英国の湖水地方の小さな村ケズィックで、とてもローカルな働きとして始まった。緯度の高い土地で、またサマータイムを採用しているので、夜でも9時頃まで明るい。湖の周りは緑の丘が広がっていて、羊の群れがのんびりと草を食べたり、昼寝をしていたりする。最初の年の集会では、予定されていた講師も来ることができなくなって、それでも、重荷をもってこの集いを企画した地元の牧師たちが御言葉を語ったという。しかし、御言葉に飢え渇いた人々の上に、主は豊かな恵みを注いでくださった。そして今、恵みを求めて世界中から人々が集まってくる。そして、その働きは日本にも伝わり、ずっと受け継がれてきた。

冒頭に掲載されたメッセージの中で、ジョナサン・ラム先生は、ケズィック大会の三つのテーマを上げておられる。①神の言葉を聞く、②キリストのようになる、③神の使命に答えて生きる、の三つだ。これは今も変わらない。

毎年の説教集はとてもありがたい。わたしたちはとかく忘れやすい。あの時に、なんだか分からなかったけれど恵まれたような……。いい頭をしているものだ。だから、何度も何度も思いださなければいけない。自分が会場に身を置いて聞いたメッセージだけではない。各地のメッセージも収録されている。本を読みながら、日本中のケズィックを旅行しているようなものだ。味をしめたら、毎年の説教集を集めないではいられないはずだ。本棚に毎年の説教集を並べながら、ひとりニヤニヤしている。所有欲を満たすというだけではない。恵みにもれたくないのだ。そして、祈りながら次の年のケズィックを待ち望む。神はどんなに豊かな恵みを備えてくださっているだろうか。

2024年10月

全地に満ちる主の栄光

The whole earth is full of his glory

目次

全地に満ちる主の栄光

The whole earth is full of his glory

〈バイブル・リーディングⅠ〉

神の栄光の幻

ジョナサン・ラム

イザヤ書6章3節

おはようございます。皆様に温かく迎えられていることを感謝します。63回の大会に講師として招待を受け嬉しく思っております。

ケズィックのテーマは三つあります。①神の言葉を聞く、②神の御子キリストのようになる、③神の使命に仕える、この三つがケズィック運動の根底にあります。わたしたちは御言葉を読み、神と出会う体験が必要です。そして、主イエスの姿に似た者とされ、主の弟子としてキリストに仕える者となって生きることを目指していきましょう。

今年の委員会が選んだ御言葉は「神の栄光」に関する言葉でした。テーマ聖句はイザヤ書6章3節「聖なる、聖なる、聖なる、万軍の主。その栄光は全地に満ちる」です。今朝は「イザヤの預言」に耳を傾けましょう。

あなたは「神」という言葉を聞いて何を連想しますか。この世の人々は、人間に重きを置いており、神についてはそれほど考えていません。

何年か前、英国で宗教に関する調査がありました。明らかになったことは、英国の半分の人々には、神よりも元サッカー選手のデイビッド・ベッカムの方が人気があるということでした。またあるとき元ビートルズのメンバーが言いました。「俺たちはイエスよりも有名になったんじゃないか」と。世界のリーダーたちも「自分の権力で支配しているから神は必要ない」と考えています。そのような考え方が、クリスチャンにも何かしら影響を与えていると思います。しかし神は変わらないお方で、わたしたちの見方が神を小さくしてしまっているだけだと思います。

ケズィックの働きを続ける目的の一つは、わたしたちがなお深く神のことを知ることにあります。神の性質と働きをさらに知り、神と共に生きる者となるということです。

イザヤ書6章は、イザヤが神と直接出会ったことを記しています。この経験によって彼の生き方が全く変わりました。わたしたちの生き方で変わるべき点は何でしょうか。

1.「神の栄光の幻」

「ウジヤ王が死んだ年に、私は、高く上げられた御座に着いておられる主を見た。その裾は神殿に満ち」（1）

ウジヤは、良い王で50年ほど王位にありました。歴代誌下に「彼は、すべて父アマツヤが行ったとおりに、主の目にかなうことを行った」（26章4節）とありますが、いつしか傲慢になっていました。ある日、ウジヤは祭壇で香を焚きました。香を焚く行為は祭司の仕事で、王がすることではありません。祭司たちは「聖所から出てください」と言いましたが、王は出ませんでした。するとその瞬間、ウジヤの額にツァラアト（重い皮膚病）が現れました。結果、ウジヤは最期まで隔離され、神の臨在から遠ざけられてしまいました。

・イスラエルの民の状況

イスラエルの民の霊的状況が1章から5章に書かれています。民の間で様々な腐敗がはびこり、貪欲なことが行われ、神にも不従順でした。宗教的行事は続いていましたが、神の目には空虚なものでした。民も神の言葉に対して無感覚になっていたのです。このような時期に、イザヤは神の幻を見たのです。

「私は、高く上げられた御座に着いておられる主を見た」（1節）。ウジヤ王は死にましたが、イザヤは真の王を幻の中で見ました。「しかも、万軍の主である王をこの目で見たのだから」（5節）。彼は地においても天においても一切の権威と力に満ちた方が御座に座っておられる幻を見たのです。

・幻の中で起こっていたこと

「その裾は神殿に満ち、セラフィムがその上の方に立っていた。彼らにはそれぞれ六つの翼があり、二つで顔をおおい、二つで両足をおおい、二つで飛んでいて」（1～2節）。神の着物の裾で神殿は満ちていました。み使いたちも神の栄光の姿に圧倒され、顔を覆うほどでした。そして彼らは互いに呼び交わしていました。「聖なる、聖なる、聖なる万軍の主。その栄光は全地に満ちる」（3節）と。「その叫ぶ者の声のために敷居の基は揺らぎ、宮は煙で満たされた」（4節）。これら全ての出来事は、イザヤが見た神が、あらゆる力と権威を持ってこの全世界を支配していることを表しています。

・わたしたちの世界では何が起こっているのか

「終末時計」という言葉を聞いたことがありますか。これは終末までの残り時間を時計に例えています。数週間前に科学者たち（米国の原子力科学者会報委員会発表）が、「終末まで残り時間は後90秒」と発表しました。テレビを見ると、戦争があり、気候変動による危機的現状や、テロリストたちの不穏な動きや様々な国々の不安定な状況などがあります。世界は一体どうなるのか、わたしたちの生活は、と考えてしまいます。

・全世界を治めておられる方を信頼すること

しかし、わたしたちの神は偉大なお方です。6章の言葉がわたしたちに叫んでいます。この王なる主を信頼しなさい。この方こそ全世界・全宇宙を支配しておられる方であるとの叫び声です。どのような状況でも神は、権威と力に満ちておられる方です。み使いが「聖なる、聖なる、聖なる」と3回繰り返して叫んでいるのは、神の聖さが、言葉で表せない想像を超えたものだということです。旧約聖書では「聖なる神」という言葉は800回使われていますが、それは神は人間と全く次元の違う聖なる方であるということです。

・キリストこそ神の栄光の輝き

わたしはクリスチャンホームで育ち、最初に教えてもらった祈りは食前の祈りでした。「神様はすばらしく良いお方です。この食事を神様に感謝します」。単純な祈りですが、神の栄光を現す祈りだと思います。全地が神の栄光で満ち溢れているのです。ですからイザヤが見た幻は、どれほどすばらしかったか想像を超えています。

「神の栄光」は、聖書全体のテーマで、神が創造した世界に神の栄光が現れています。聖書や歴史を通し、神の栄光がどのように働いたかを知ることができますが、神の栄光はわたしたちの贖い主である御子イエスの内に一番大きく現れるのです。ヘブル人への手紙1章3節は「御子は神の栄光の輝き」と表しています。ヨハネの福音書12章41節には「イザヤがこう言ったのは、イエスの栄光を見たからであり、イエスについて語ったのである」とあります。ですから神を遠い存在として見るのではなく、主イエスの内に神の栄光が輝いていることをはっきりと受け取りましょう。「私たちはこの方の栄光を見た。父のみもとから来られたひとり子としての神の栄光である」(ヨハネの福音書1章14節)と書いてある通りです。

わたしたちの神はどれくらい偉大な方でしょうか。父なる神がその栄光を御子の中に現してくださっています。主イエスはわたしの友であり、人生の導き手、また贖い主です。

2. 赦しの確信

イザヤは神の幻を見たとき、どのような経験をしたでしょうか。イザヤは神の栄光に圧倒され、同時に自分が汚れていると悟りました。

「ああ、私は滅んでしまう。この私は唇の汚れた者で、唇の汚れた民の間に住んでいる。しかも、万軍の主である王をこの目で見たのだから」(5節)。

イザヤは「もうわたしは駄目だ、絶望的だ」と言っているのです。栄光に輝く聖なる神を見ると、自分の汚れた部分が見えてくるからです。神の御臨在の中で自分が大丈夫だと言える人は一人もいません。イザヤは、わたしは唇の汚れた者なので、預言者として神の言葉を語ることなどできないと感じたでしょう。「私は汚れた者」とは、重い皮膚病になった患者が言わなければならない言葉でした。イザヤは、わたしはイスラエルの民と同じだ。彼らと一緒に住むわたしも汚れた者だと確信したのです。しかし、この幻は困難の中にも、神の恵みである福音が含まれているのです。

「すると、私のもとにセラフィムのひとりが飛んで来た。その手には、祭壇の上から火ばさみで取った、燃えさかる炭があった。彼は、私の口にそれを触れさせて言った。『見よ。これがあなたの唇に触れたので、あなたの咎は取り除かれ、あなたの罪も赦された』」（6～7節）。

旧約時代、祭壇は罪の赦しのためにいけにえを捧げる場所でした。その祭壇から燃える炭が取られ、イザヤの口に触れた瞬間、彼の罪が赦されたのです。これは、まさに主イエスを指し示しています。罪の赦しはただ神の恵みによるものです。わたしたちも神の姿を目の当たりにする時、自分がどれほど汚れた者で、神の洗いを必要とするのかを知り、神がわたしにも働いてくださることを知るのです。神がわたしたちの罪のために御自身をいけにえとして捧げてくださいました。わたしたちが罪を悔い改めて神の方向を向くとき、「あなたの咎は取り除かれた」と赦しが宣言されるのです。

わたしたちに与えられている解決方法は一つだけです。それはイザヤが神を体験したように、わたしたちも体験することです。自分の限界を知り、わたしは駄目だ、わたしは滅んでしまうというあのイザヤの叫びですね。

神はどれくらい偉大な方でしょうか。あなたは神がわたしの心を変え、全く新しい者に造り変えることがおできになると信じていますか。主イエスが十字架で勝利されました。わたしたちがただ信仰によって神の方に向くとき、「今や、キリスト・イエスにある者が罪に定められることは決してありません」（ローマ人への手紙8章1節）とはっきり言うことができます。あなたの中に「もう駄目だ」というイザヤの叫びがあるでしょうか。悪が満ちている世界で、主イエスがすでに勝利を取られたと確信することがむずかしく感じることもあるでしょう。

最近、サッカーのアジアカップの日本対インドネシアの試合を見ました。試合は3対1で日本の勝利でした。もう一度その試合をビデオで見るとします。インドネシアの選手がゴールに迫り、1点取ると「なんてことだ。負けてしまうぞ」と思うかもしれません。でも「この試合は日本が勝利したんだ」と思い出すでしょう。クリスチャンも同じです。わたしたちは「主イエスの勝利」という結果を知っているのです。主イエスが勝利を取られたことは絶対的な事実で、主の十字架の死と復活がわたしたちを自由にしました。わたしたちは主イエスの十字架の血潮によって罪赦され、神の家族であることを知り、いつか神の御前に立ちます。ですから「あなたの咎は取り除かれ、あなたの罪も赦された」は、わたしに対する言葉として受け取ることができるのです。

3. 神の使命への確信

「私は主が言われる声を聞いた。『だれを、わたしは遣わそう。だれが、われわれのために行くだろうか。』私は言った。『ここに私がおります。私を遣わしてください』」(8節)。

第三番目は「神の使命への献身」です。イザヤは神の召しに応答し、神の栄光を人々に伝える使命に生きる者となったのです。使命の内容は、神の裁きを伝えることでした。イザヤが語っても多くの人は聞こうとせず、民の心は頑なであると神は言われました。しかし、イザヤの召命の出来事は多くの人々に大きな影響を与えました。神は言われます。「だれを、わたしは遣わそう。だれが、われわれのために行くだろうか」。

ケズィックのテーマを最初に語りましたが、三つ目は「神の使命に仕えること」でした。英国ケズィックで多くの人が、生まれ変わりを経験します。でもそこで留まるのではなく、わたしたちは神からの使命に生きる者でなければなりません。遣わされる資格がわたしにあるのかと考える人もいるでしょう。もし神に用いられたいと願うなら、イザヤが通った同じ道を歩んで行かなければなりません。

第一に、わたしたちは神がどれほど偉大なお方であるかを見なければなりません。

第二に、自分自身は神の前に汚れた者だということを確信し、罪の赦しを経験しなければなりません。

ヨハネは「人の子が栄光を受ける時が来ました」（ヨハネの福音書12章23節）と主イエスが十字架について語ったことと、イザヤ書6章の最後の部分を引用し「イザヤがこう言ったのは、イエスの栄光を見たからであり、イエスについて語ったのである」（同41節）と書いています。イザヤの幻は、主イエスの栄光の幻でした。あなたは神をさらに深く知り、「あなたの罪は赦された」と宣言されたいでしょうか。

第三に、神の召命に応答することです。また、わたしたちが神に派遣されたいと願うなら、主イエスの栄光を見なければなりません。

主イエスこそが、神の栄光を現し、世界の主権者です。その主に自分自身を明け渡しましょう。わたしたちを聖め、新しく生きる者としてくださる主は、わたしたちを招いてくださる方です。主イエスを見上げ、神の栄光をはっきりと見る者でありましょう。そして、遣わされ、神が置かれている場所で仕える者になりましょう。

（文責　堀部 里子）

〈バイブル・リーディングⅡ〉

罪と悲しみを解決するもの

ジョナサン・ラム

イザヤ書52章13～53章12節

昨日はイザヤ書6章からイザヤが見た神の栄光の幻を考えました。今日のイザヤ書53章にも神の栄光が現れています。わたしたちは神が造られたこの世界を通して、神の栄光を見ることができます。しかし聖書は同時に神の栄光が、贖いという特別な働きの中に、つまりイエス・キリストの十字架の中に現れていると教えています。

2、3年前にイギリスで子どもの宗教に対する考えについて、調査員たちがいろいろな学校の子どもたちにインタビューをしました。人はどうしたら天国に行けると思うかという質問に、子どもたちの答えはいつも、いい子にしていれば行けると思う、でした。そこでもう少し突っ込んで、天国に行けない人はいるのかと聞くと、一人の女の子は父親の部屋の窓ガラスを割った弟は行けないと思うと答えました。でも弟が自分のお小遣いでお父さんの窓ガラスを修理したら行けると答えたそうです。

これがこの世の宗教の考え方です。わたしがいい人になっていいことをしていれば、基本的に天国に行けて、たとえ失敗や悪いことをしても、自分で償いをすれば行けると考えるのです。しかしそれは今読んだ聖書の言葉とは全く正反対の考え方です。それは、わたしが何かをすることによってではなく、すでになされたことによって、ということです。それがわたしたちの信じている福音です。

本当に大切なことは神がわたしたちのためになさったことです。この53章には、わたしたちの罪を赦すために苦しまれた救い主の姿が書かれています。旧約聖書の言葉の中で、この53章が最も多く新約聖書で引用されています。それは新約聖書を書いた人々が、書きながらこの53章を思い出して、これはイエスのことを預言している言葉だと考えたからです。

ここにある五つのことを順番に見ていきたいと思います。

1. 驚くような救い主

この強調点は52章13節と53章12節に2回出てきます。52章13節で「わが僕は栄える」と神が崇められることから始まり、さらに「彼は高められ、上げられ、はるかに高くなる」と書かれています。そして同じことが53章の終わりにも出てきます。いわば一つの歌を、最初と最後に勝利の宣言で挟む形になっています。十字架のことが描かれていると思われる53章が、52章の終わりからの栄光で始まっているのはなぜでしょうか。52章13節と53章12節の間にある歌そのものは、この僕あるいは王が栄光を受けているとはとても考えられないものです。逆にこれは何か失敗をした者の歌に見えます。

ですから52章13節の「高められた」という言葉に注意してください。これはペテロが人々にイエスのことを語った時と同じ言葉を使っています。イエス・キリストは高く上げられて神の右の座に上げられたという言葉です。ではどのようにしてキリストが高められることが起きるのでしょうか。この13節の「上げられる」という言葉を、イエスは十字架が近づいてきたときに使われました。「モーセが荒れ野で蛇を上げたように、人の子も上げられなければならない」(ヨハネによる福音書3章14節)と。

ここでは救い主は、人が救い主を見る時に、驚き呆れる、信じられないようなお方であるのです。勝利をもたらすお方に深い苦しみが伴っているのです。この僕であるイエス・キリストは、人であることがわからないほどに痛みを受けていました。イエスの姿を見て人々は驚き、ショックを受けました。救い主という言葉からは連想しない姿でした。しかしこれが神の驚くようなご計画だったのです。

そして多くの国々のために血を流すという言葉が出てきます。イエス・キリストの働きはわたしたち異邦人にまで及ぶ全世界的な働きであるということです。

歌の始まりからびっくりするような内容です。苦しむ姿を人々が見てショックを受ける、しかしそれがこの世界に救いをもたらしたのです。救い主としては信じがたい救い主でありました。

2. 拒絶された救い主　1節〜3節

「私たちが聞いたことを、誰が信じただろうか」（53章1節）とあるように、誰も理解できず、信じませんでした。ユダヤ人も、ギリシア人も、イエス・キリストが救い主であることを拒絶しました。今日でも多くの国々でイエスを救い主としては受け入れていません。

この僕には何も特別な見るべきものはないと言います。人々は、救い主、王なるお方はもっと見栄えのする外見を持つはずだと考えています。例えばリーダーは力あり、魅力的な人物であるべきだと考えます。しかしここに出てくる僕は全くそうではありませんでした。

2節に「彼には見るべき麗しさも輝きもなく　望ましい容姿もない」とあります。苦しみはわたしたちの姿をダメにします。テレビのニュースで、テロの攻撃で被害を受ける姿は見るのも辛いものです。人々は僕のあまりにもひどい格好をそのような思いで見ていたのです。「彼は軽蔑され、人々に見捨てられ　痛みの人で病を知っていた。人々から顔を背けられるほど軽蔑され　私たちも彼を尊ばなかった」（3節）。

1節から3節で言われていることは、救い主である僕は、世の中から見捨てられ軽蔑されたお方であるということです。3節で使われている言葉の中に数字を計算するときに使われる言葉が用いられていて、それは彼の価値はゼロ、全く無価値なものだと言っているのです。

イエス・キリストはこの世を救うために来られましたが、無視され拒絶されました。イエスが来られた時から今日に至るまでの2000年間ずっと、人々の反応は同じです。イエス・キリストは拒絶された救い主です。

3．代理者としての救い主　4節〜6節

4節から6節がこの歌の一番の中心です。それはこの僕がわたしたちの身代わりとして、わたしたちのために苦しみを受けられたということです。特に4節には強調的な表現が使われています。「彼が担ったのは私たちの病　彼が負ったのは私たちの痛みであった」。誰かがわたしたちのために、わたしたちが行った間違い、悪のために身代わりとなって死んだのです。「彼は私たちの背きのために刺し貫かれ　私たちの過ちのために打ち砕かれた」（5節）。この僕は自分の罪ではなくわたしたちの罪のためにこの苦しみを味わい、神の裁きを受けているのです。

6節に「私たちは皆羊の群れのようにさまよい」とあります。わたしたちは自分の迷っていることの責任を負わなければいけないのです。「それぞれ自らの道に向かって行った」とあります。しかしこの僕がわたしたちのすべての過ちを自分に背負われました。

先月イギリスで一人のサッカー選手のことが話題になりました。彼の息子は治すことのできない目

の病気を患っていました。彼は「今すぐにでも自分の目と息子の目を交換したい。もし息子の目が見えるのなら、自分の視力を失ってもいい」とテレビのインタビューで語っていました。父親が、もしできるなら息子の病気を自分が担いたいと思うように、ここでイザヤが描いている僕は、人の罪と裁きを自分が身に負うことを願っているのです。

僕であるイエスがわたしたちの罪と病を担ってくださいました。旧約聖書の時代は、人の罪が赦されるために動物が生贄としてささげられていました。しかしイザヤがここで描いているのは動物ではなく、その人自身をささげることです。

わたしたちはイエスがなさったことの意味をよく考えることが必要です。ときにわたしたちは、クリスチャンとして失敗したなと思い、自分が罪を犯したからこうなったのだと思うことがあります。しかしイザヤは、そういうわたしたちのためにこの僕が身代わりとなって苦しみを受けられたと言っているのです。「彼が担ったのは私たちの病　彼が負ったのは私たちの痛みであった」(4節)。「彼は私たちの背きのために刺し貫かれ」(5節)とあります。わたしたちの過ちのために、イエス・キリストは打ち砕かれました。またイエスはわたしの罪だけではなく、その罪から生じるあらゆるもの、その結果として起きるものすべてを担っておられるのです。彼はわたしたちの痛み、苦しみ、罪そのものをご自分の上に担われたのです。神の罰をイエスが身代わりに受けてくださいました。ですからわたしたちの罪も悲しみも解決できるのは、イエス・キリストお一人です。

わたしたちはこのことを自分のものにしなければなりません。あるクリスチャンは、自分は本当に神に赦されているのか、本当に天国に行けるのだろうかと考えています。しかしこのイザヤ書53章は、イエス・キリストは完全な生贄であったと言います。わたしたちを聖なる者、自由な者、神に受け入れられる者とするために、イエスはすべての必要なことを成し遂げられました。

ロールスロイス社は、販売している車について大変自信を持っている会社です。ですからたとえ車が故障して修理したとしても、そのことを記録し、修理代を請求することをしません。このことをたとえにイザヤ書53章を考えてみてください。イエスが十字架でしてくださったことを思い出してください。わたしたちが日々の生活の中でイエスを見上げ、十字架のみ業を信頼するならば、イザヤ書53章は言うのです。神の記録の中のわたしが罪を犯したという記録は、全部削除されているのです。わたしたちの罪が全部取り去られて自由にされています。どうしてそれが可能になったのでしょうか。

4. 苦しまれた救い主　7節〜9節

ここでは法律に関係する言葉が使われています。裁きを受けるということが出てきます。7節「屠り場に引かれて行く小羊のように　毛を刈る者の前で黙っている雌羊のように口を開かなかった」。ここでは屠殺場に引かれていく小羊のことが描かれていますが、羊自身は自分の身に何が起こるか知りません。しかしこの僕イエス・キリストは羊とは全く違い、父の御心として死ぬことを受け入れました。なぜそのことが重要なのでしょう。

わたしたちにとって罪の最も深刻な点は、自分の意志で罪を犯すことです。罪を犯すことは拳を振り上げてイエスを拒絶していることなのです。旧約の時代、動物の生贄が用いられましたが、本当に人の罪の身代わりを果たせるのは、人でなければならないのです。「彼は暴虐をなさず　口には偽りがなかったのに」（9節）この苦しみを受けられました。もう一度言えることは、あのイエスの業はわたしのためであったということです。わたしの罪と悲しみを解決する唯一のものであるのです。

5. 主権に満ちた救い主　10節〜12節

10節に「主は彼を打ち砕くことを望まれ」とあります。それは主の御心でありました。どうして父なる神が子を打ち砕くことを御心と言えるのでしょうか。その答えが11節の「彼は自分の魂の苦しみの後、光を見　それを知って満足する」という言葉です。一人の苦しみが多くの人を義とすることを父なる神が計画されていました。この僕、御子イエス・キリストが自分の命を捨てることによって、世界中の全ての時代の全ての人が義とされる道が開かれたのです。

「一人の人によって多くの人」という言葉は、52章15節「彼は多くの国民を」、53章11節「多くの人を義とし」、12節「多くの人の罪を担い」と出てきています。マルコによる福音書に「イエス・キリストは多くの人の罪を赦すためにご自身を生贄としてささげられた」と書かれています。ですから53章の最後のところは、将来わたしたちも味わうことのできる栄光を描いているわけです。ヨハネ黙示録でヨハネは、全ての国民、全ての部族、数えきれないほどの群衆が、小羊の前に立っている幻を見ました。ヨハネはわたしたちのために命を捧げられた御子を礼拝し賛美する天国での姿を描いています。全地がキリストの栄光で満ち、その日わたしたちも天において国際的な主の家族の栄光を見るのです。

ですから53章12節はイエス・キリストを勝利者として描いて終わっています。フィリピの信徒への手紙2章にもこのことが書かれています。キリストがご自身を虚しくして、仕える者の姿をとられ、十字架の死にまで忠実に従われたこと、このために神はキリストを高くあげられたと。実はこれがイザヤ書52章から53章にかけて描いていることをまとめて言っている言葉です。苦しみと栄光です。十字架と冠です。このイザヤ書53章はわたしにとってどれだけ励みになる言葉でしょうか。イエスこそがわたしの主であり、わたしの栄光であるのです。わたしたちにとっては、自分が何かをするのではなく、イエスが何をしてくださったのか、それが一番大事なことなのです。

（文責　羽佐田 和世）

〈バイブル・リーディングⅢ〉

恐れてはならない

ジョナサン・ラム

イザヤ書 43章1～7節

　少し前のことですが、寝る前に妻に呼ばれお風呂場に行ってみると、とても大きな蜘蛛がいました。妻は蜘蛛が大嫌いで、蜘蛛をひどく怖がります。今日は恐れがテーマですが、今世界中で、様々な恐れを起こさせるようなことが起きています。経済問題、気候変化、中東情勢、核の問題……。あるいはもっと個人的に、健康や幸福の問題もあるでしょう。特に若い人々の中で恐れが広がっています。イギリスでは、若い世代が心配の世代と呼ばれています。クリスチャンも例外ではありません。世界情勢を見る時に不安を感じます。自分だけがクリスチャンであることにより、孤立への恐れを覚えます。迫害への恐れを感じます。

　ある牧師は『どんな悪も恐れるな』という本の中で、恐れが引き起こすものについて書きました。恐れは、心の平安を奪い、問題をもっと大きく見せ、健康にも悪影響を及ぼします。そして最後には、わたしたちの生活を麻痺させてしまうのです。聖書の中でも、「恐れるな」というのは最も数多く出てくる命令です。今読んだ箇所もそうです。「恐れるな。私があなたを贖った」(1節)。「恐れるな。私はあなたと共にいる」(5節)。イザヤは大きな困難の中にある人々に語っています。エルサレムは破壊され、人々は捕囚の民として連れ去られ、国は完全に破滅した状態でした。そんな状況の中で、民はどのようにして、恐れでなく信仰の生活を生きることができるのでしょうか。また、わたしたちは今の時代にあって、どのようにして信仰に生きることができるのでしょうか。今日の箇所には、わたしたちが恐れなくても良い三つの理由が書かれています。

第一に、神が恵みを与えてくださったからです。この43章は「しかし」という言葉で始まります。ここでイザヤの預言の方向が変わることを表しています。この前に位置する42章では、民がその罪を神から責められています。神は言われました。「あなたたちは何も見えていないではないか。何も聞こえていないではないか」。神の言葉に不従順であったイスラエルの民は、捕囚という苦難を経験しました。

「しかし」と、43章は続けます。ここまで語られた内容から、これからの内容への転換点です。42章は、神が民の罪を裁かれる箇所ですが、43章からは贖いのメッセージが出てきます。特にこの1節に、神の恵みが満ち溢れています。「しかし、ヤコブよ、あなたを創造された方　イスラエルよ、あなたを形づくられた方　主は今こう言われる。　恐れるな。私があなたを贖った。　私はあなたの名を呼んだ。　あなたは私のもの。」これは契約の言葉です。神はわたしたちをご自分の民にするため、契約を結ばれました。この1節は、わたしたちのように神の教えに逆らう人々に向けて語られた言葉です。ですからこれは、わたしたちに語られている言葉でもあるのです。わたしがあなたを形づくった。わたしがあなたを贖った。わたしがあなたを呼んだ。あなたはわたしのものだ。これは愛の関係を表す言葉です。イスラエルの民は、その罪のゆえに、捕囚として連れて行かれました。故郷から引き離され、これからどうなるのか心配していたでしょう。しかし、神は言われました。「恐れるな。私があなたを贖った」と。

今年の日本ケズィックのテーマは、「神の栄光」です。そのテーマに合わせ、最初のバイブルリーディングでは、6章からイザヤが見た神の栄光の幻について語りました。昨日は53章から、キリストの中に現れた神の栄光について語りました。そして今日は、贖いの内に現れる神の栄光について語りたいと思います。神は、ご自身の栄光のためにわたしたちを贖ってくださいました。わたしたちは神の恵みによって選ばれたものであり、贖われた民であり、主に属する神の民です。わたしたちがこの内容をよく理解し、自分たちに語られた言葉として読むならば、わたしたちはこの時代にあっても、恐れでなく信仰によって生きることができるのです。わたしたちは不確実な時代を生きています。自分の罪や弱さにも気づくでしょう。本当に神はわたしを喜んで迎えてくれるだろうか。そのような不安を全く打ち消す言葉が、ここに書かれています。「しかし」と神は言われるのです。贖いの業を通して、神の栄光が現されるのです。わたしがあなたを造った。わたしは決してあなたをあきらめない。わたしたちは恐れる必要がありません。神の恵みがあるからです。

わたしたちが恐れなくても良い第二の理由は、神がともにいてくださるからです。「あなたが水の中を渡るときも　私はあなたと共におり　川の中でも、川はあなたを押し流さない。火の中を歩いても、あなたは焼かれず　炎もあなたに燃え移らない。私は主、あなたの神　イスラエルの聖なる者、あなたの救い主」（2節〜3節前半）。5節にもこう書かれています。「恐れるな。私はあなたと共にいる」。川、火、炎と出てきますが、これはイスラエルの民が経験した出来事に基づく言葉です。ノアの家族は、大洪水の中で守られました。イスラエルの民は、神の御業により紅海を渡りました。ここで約束されていることは、あなたがどんな困難の中を通っても、わたしはあの時と同じようにあなたを守るのだ、ということです。嵐が来ようと、洪水が起ころうと、炎に包まれようと、わたしはあなたと共にいると主は言われます。わたしたちが試練を経験するとき、神はわたしのことを忘れられたと考えがちです。神に見捨てられたと感じることもあるかもしれません。しかし、決してそうではありません。わたしたちは神の家族の一員です。神はいつも共におられます。なぜ恐れる必要があるでしょう。あなたは今、洪水でもうここまで水が来ているかもしれない。しかし、わたしは決してあなたを手放さない。神はそう言われるのです。どんな状況の中にあっても、神はいつもあなたと共におられるのです。

わたしと妻は若い頃、当時の東ヨーロッパとソ連で学生のための働きをしていました。当時の東ドイツで、車でキャンプ場へと向かいましたが、どうしても目的地が見つかりませんでした。一旦車を止め、歩いている人に尋ね、言われた通りに行ってみましたが、見つかりませんでした。辺りが暗くなり、ガソリンも残りわずかになったとき、また別の人がいたので尋ねましたが、それに従って運転しても見つかりませんでした。その後、年配のご夫婦がいたので尋ねると、「その場所だったら知っていますよ。そのキャンプ場の隣に住んでいるんです。乗せてもらえるなら案内しますよ」と言ってくださいました。夫婦を乗せ、言われる通りに運転していくと、10分でそのキャンプ場に着きました。

わたしはとても大切なことを学びました。それは、言葉で案内されるよりも、案内役が一緒にいてくれることの方がはるかに良い、ということです。言葉で案内されてわからなくても、案内役がそばにいるなら、確実に目的地に着くことができます。神はわたしたちに単なるルールブックを与えておられるのではなく、一緒に旅をするための存在としてご自身を与えてくださっています。人生の旅をするとき、神が横にいらっしゃるのです。その神が言われるのです。恐れるな、と。恐れるなという命令は、聖書の中に何回も出てきます。神はモーセに「私自身が共に歩」む（出エジプト記33章14節）

と言われました。ダビデは、「死の影の谷を歩むとも 私は災いを恐れない。あなたは私と共におられ……」（詩編23編4節）と言いました。また、新約聖書でも、パウロが福音を伝える中で困難を経験していたとき、神は言われました。「恐れるな。語り続けよ。私はあなたと共にいる」（使徒言行録18章9〜10節）。

ハイチで大きな地震が起こった時、瓦礫に一人の女性が座っていました。神を信じていないジャーナリストが彼女に、「あなたの神は今どこにいるのですか」と尋ねたそうです。その女性はすぐに答えました。「わたしの神は、ここで、ずっと、わたしと一緒にいてくださいました」。彼女は本当にはっきりとした信仰を持っていました。神はいつもわたしと共にいる。だから、わたしたちは恐れる必要がないのです。

わたしたちが恐れなくて良い第三の理由は、神の約束があるからです。「恐れるな。私はあなたと共にいる。私は東からあなたの子孫を連れてこさせ 西からあなたを集める。北に向かって『差し出せ』と言い 南に向かって『引き止めるな』と言う。私の息子たちを遠くから 娘たちを地の果てから連れて来させよ。それは私の名で呼ばれる全ての者 私の栄光のために創造し 形づくり、私が造り上げた者」（5〜7節）。

この時、イザヤはバビロン捕囚よりもっと先を見ていました。イザヤが見ていたのは、ヨハネの黙示録7章に書かれた、新しいエルサレムの幻です。神の民が、北から、南から、東から、西から集められる。あらゆる国民、あらゆる民族から、神に贖われたものたちが一つに集められる、その幻です。家族が一緒に集まることがあるでしょう。わたしたちもクリスマスに、子どもたちと孫たちが集まりました。それは、本当に楽しいときです。イザヤ書43章で約束されているのは、全ての神の家族が一つとされるその日が来る、ということです。その約束はアブラハムに与えられ、その約束が成就する日に向かって、わたしたちは前進しています。その日は、神の栄光に満ち溢れる、本当に喜ばしいお祝いの日です。あらゆる民が一つとなって、主を賛美する日です。

特に7節をよく見てください。「それは、私の名で呼ばれるすべての者 私の栄光のために創造し 形づくり、私が造り上げた者」とあります。ここにも、神の栄光というテーマが語られます。神の栄光は、この地にあって、神によって贖われた民の中に現れるのです。わたしたちは、キリストによって贖われた者であり、わたしたちが今生きているのは、神の栄光を表すためです。神の栄光を伝える民として生きること、それが我々の使命です。キリストがわたしのうちに入ってくださったとき、新しい歩みが始まり、わたしたちはキリストに似たものへと日々変えられていきます。こうして、わたしたちを通して神の栄光が現れるのです。イザヤ書66章も、終わりを見据えて書かれています。すべての神の民が一つに集められるだけではなく、全宇宙が回復される。神の民が集まる新しい天と新しい地は、神の栄光で満たされる。わたしたちはこの約束を確信しなければなりません。どんな不安に直面したとしても、わたしたちにはすばらしい約束が与えられています。恐れる必要はありません。主がわたしたちの将来を、御手に握ってくださっているからです。

ある社会学者が書いた『恐れはどのように働くか』という本があります。様々な文化や社会で人々がどういう恐れを感じているか、ということを調べた本です。人々が恐れる大きな理由は、この時代にあって、人々が一つの決まった世界観を失ってしまったことにあるのだそうです。だからこそ、このイザヤ書43章のメッセージが大切です。わたしたちは、クリスチャンとして、一つの決まった世界観を持っています。主が、わたしたちを創造されました。わたしたちを選んでくださいました。わたしたちを贖ってくださいました。永遠の住まいを備えてくださいました。主は、すべてを支配しておられます。わたしたちの将来も、主の手に握られています。この恵みの福音が、わたしたちに与えられているのです。それを確信して生きましょう。何について恐れを感じているでしょうか。健康の問題、人間関係、将来、様々なことで恐れを感じているでしょうか。もしそうであるなら、覚えてください。わたしたちは、この世界を造られた神の家族の一員だということを。そして、神はキリストを通してわたしたちに愛を現してくださった方であるということを。

わたしたちは、恐れなくても良いのだということを自分の確信としたいと思います。わたしたちが恐れなくても良い理由は第一に、神の恵みが与えられているからです。神はわたしたちを創造し、贖い出し、選んでくださいました。第二に、神があなたと共におられるからです。どんな状況にあっても、あなたの横には神がおられます。第三に、神の確かな約束があるからです。神は、すべての民をご自分の内に集めてくださいます。そして、わたしたち自身だけではなく、この世界も神は全く新しくしてくださいます。神はわたしたちを、ご自身の栄光のために創造されました。今だけではなく、永遠に続く栄光のためにわたしたちは造られたのです。主にある兄弟姉妹の皆さん、恐れないでください。

（文責　岡　聖志）

〈聖会Ⅰ〉

愛が下《くだ》るとき

ロジャー・ウィルモア

ヨハネの手紙 一 3章1~3節

この午後、わたしはヨハネの手紙一 3章から、神の愛についてお話しします。この手紙は使徒ヨハネによって書かれました。読み手はクリスチャンたちです。彼らは非常に困難な中にありました。この時代グノーシス主義という間違った教えが教会に入り込んでいました。このグループはイエスが神であることも人間であることも否定したのです。クリスチャンたちの中に、自分の救いについて確信を失う人々が出てきました。困惑の中にある彼らにヨハネはこの手紙を書きました。彼は、〈わたしはこのイエスに触ったんだ、見たんだ〉と語ります（1章1節）。

この手紙は二つに分けられ、1章と2章が最初の部分で、ヨハネは神は光だと書いています（1章5節）。神は人の想像を超えた方、聖なる方です。3章以降が後半で、4章8節が中心です。ヨハネは「神は愛だからです」と言います。3章から5章までは66節あり、その27％が神は愛だということについて述べています。
ヨハネはこの手紙を牧会者の心でクリスチャンたちに書きました。彼は彼らが非常に困難な状況に置かれていることを知っていました。彼はこの手紙を彼らの励ましとなるようにと願いながら書いています。彼らに神の愛を伝えています。

神は愛です。これは、わたしたちがまず最初に知らなければいけない基本的なことです。3章1節は、英語の聖書では「見なさい（behold）」という言葉で始まります。日本語の聖書では「考えてみなさい」といわれている箇所です。わたしが使っている翻訳（New King James）で読むと、「見なさい、神がどんな愛をあなたに与えてくださったのか」と、ヨハネは確信をもって力強く語っています。皆さんの肩を持ち、揺するようにして、「聞きなさい、このことをしっかり分かってください」と言っているかのようです。

メッセージ訳という聖書の翻訳は、「神はなんと驚くべき愛によってあなたを愛してくださったことか、そのことにしっかりと目を止めなさい」と訳しています。またアンプリファイド・バイブルという英語の聖書では、「本当に見なさい。神が信じられないような愛をあなたに注いでくださったことを」と訳しています。ヨハネはそのことがとても大事だということを強調しています。

もう一つ大事な言葉があります。それは「どのような(manner)」という言葉です。父なる神がどのような愛によってあなたのことを愛してくださったか。ギリシャ語学者ビンセントは、この「どのような」とは「どんな国の」という意味だと説明しています。その愛は一体どこから来たのかという問いかけです。マタイによる福音書で同じ言葉が使われています。イエスが弟子たちと一緒にガリラヤ湖で船に乗ってる時、嵐が起こりました。弟子たちは、「主よ、助けてください。このままでは死んでしまいます」と叫びました(マタイによる福音書8章25節)。イエスは立ち上がって、その風と波を叱りつけました。すると風と波は静かになりました。その時に弟子たちが言った言葉に、この「どのような」という言葉が使われています。「一体、この方はどういう人なのだろう。風や湖さえも従うではないか」(27節)。この方は一体どこから来たんだ。

つまりヨハネはこの手紙の3章でこう言っているのです。神の愛はわたしたちと違うところから来ているのだ。それは地上にあるような愛ではない。人間的な愛でもない。それは神の所、天から下ってきた愛なのだ。

わたしはこのことを思うとき、一つの賛美歌を思い出します。『豊けき主の愛』と日本語では訳されている歌です(新聖歌31番)。3節にこのような歌詞があります。〈大空紙《おおぞらかみ》とし　海原墨《うなばらすみ》とし　木の枝筆《えだふで》とし　世人《よびと》を集めて　主の愛記《しる》さば　水もかれて　果てなき大空の　紙も足《た》らじ　豊けき主の愛　永久《とわ》にあれと　聖徒とみ使い　共に歌う〉。この賛美歌の作者はこう表現しています。「神の愛を書き尽くすことは不可能だ。神の愛はあまりにも多くて深くて広くて書き尽くすことなどできない」。

3章の初めの部分に、神の愛についての三つの動きが記されています。第一は下られた神の愛。最初の動きは、天から地に下った神の愛です。第二に、愛はわたしたちを引き上げる。愛は、わたしたちを捉えて引き上げていく、上に向わせます。第三に、愛はわたしたちを押し出していきます。

第一に、神が天から下られた愛について話します。皆さん、どうぞ自分に問うてみてください。いつ神はわたしたちを愛されたでしょうか。神が、イエスが天からこの地に降りて来られたとき、わたしたちは彼を受け入れませんでした。イエスは天から地に下って来られました。それはわたしたちに対する神の愛を明らかにするためです。そうしてくださったから、わたしたちはこの方を見ることができました。そしてこの方のゆえに、わたしたちは神の愛を見ることができました。

パウロはこう言っています。「キリストは、私たちがまだ弱かった頃、定められた時に、不敬虔な者のために死んでくださいました。正しい人のために死ぬ者はほとんどいません。善い人のためなら、死ぬ者もいるかもしれません。しかし、私たちがまだ罪人であったとき、キリストが私たちのために死んでくださったことにより、神は私たちに対する愛を示されました」（ローマの信徒への手紙5章6～8節）。パウロはこう言っています。キリストはわたしたちを愛してご自身を与えてくださった。まさにわたしたちが神に向かって、「あなたのことなんかいらない。あなたのことなんか愛していない」と言ってる時に、神はこの世に来て、ご自身の愛をわたしたちに示してくださったのです。

一つの経験をお話をします。1982年、わたしが31歳の時の出来事です。わたしはすでに7年間牧師をしていました。牧会上の様々な責任を負って疲れを覚えていました。わたしは、祈りと霊的覚醒のセミナーの案内を受け取りました。その集会の講師たちには優れた霊的な指導者の名前がいくつもあり、わたしは行くべきだと感じました。魂の養いを受けることを期待して、参加しました。午後に一つのプログラムがありました。しかし、それは無名の女性が話すというものでした。わたしはがっかりしました。ところが、彼女の証しを聞けたことがわたしにとって最高の恵みとなりました。わたしは神の愛を当然のことのように考えていましたが、彼女の証しによってわたしは神がどれほどまでにわたしのことを愛してくださっていたのかをもう一度見出したのです。

この女性アリスはクリスチャンホームで育ちました。彼女の親は教会のリーダーでした。思春期に彼女は神から離れ、親からも離れます。彼女は罪に浸かって生活をします。薬物を摂取し、さらには薬物を売るようになりました。売春を行い、強盗をしました。捕まり、有罪判決を受けました。刑務所の中で何年も独房で過ごしました。刑務所を出てからも、彼女の生活は変わりませんでした。彼女はまた犯罪の世界に入り、薬物の販売に手を出します。彼女はナイトクラブを買い取り、そこで売春の斡旋や薬物を販売しました。彼女が見ている中で多くの若い女性が命を落としていきました。

やがてアリスは健康を害しました。ある時彼女が住んでいたアパートに一人の人が訪ねてきました。彼は、アパートの一部屋一部屋を訪ねて、聖書の言葉を語りました。ある時アリスにその人が電話をかけてきて、言いました。「あなたは教会に行かなければならない。イエスを信じなさい」。彼女は断りました。けれども彼は何度も電話をかけきます。そのやり取りを続けていく中で彼女は一つの確信に至りました。神が自分の心に語りかけておられる。彼女は教会に行き、説教者が語る神の御言葉を聞きました。そして彼女は彼に電話をかけ、「わたしはイエスを信じたい。わたしも救われたい」と言いました。彼は、「もしあなたが本気でそう思うなら、あなたのナイトクラブの前で会いましょう」と言いました。アリスは、その夜、自分の罪を神に告白し、悔い改め、イエスを救い主として受け入れました。

アリスは、そのセミナーの集会で、こう言いました。「わたしは住むところを持たない人のようにそこに跪《ひざまず》きました。そして一人の淑女として立ち上がったのです」。彼女は罪にまみれた生活をしていました。しかし、悔い改めた時、彼女は、一人の淑女として神の前に立つことを許されたのです。彼女は一つの歌を歌いました。このような歌詞でした。わたしが主のところに行くことができない時に、彼がわたしのところに来てくださった。大きな深淵がわたしと主を隔てていた。それはあまりにも大きくて到底超えることはできない。わたしは主に叫んだ。わたしはあなたのところには行けません。しかし主がわたしのところに来てくださった。

これこそがイエスがカルバリーでわたしたちのために死んでくださった理由です。イエスのところに行けなかったわたしたちのためにイエスがわたしたちのところに来てださったのです。アリスが神を探していたのではありません。神が彼女を探してくださったのです。ある方は、「わたしは神のことを求めてはいない」と言うかもしれません。しかし、神はあなたのことを探しておられます。イエスのもとに自分は行けないと思うことがあるとしたら、知ってください。イエスはあなたのいるところに来てくださいます。

第二に、上から下ってきた神の愛は、わたしたちを引き上げて神の家族の一員とし、神の子としてくださいます。今やあなたは神の子どもです。

家族には二つのことがあります。一つはそこには関係があります。もう一つは家族は似てくるということです。皆さんが生まれた時に、皆さんと両親との間に関係が生まれました。同様に、あなたが新生した時にあなたと神の間に新しい関係が生まれ、あなたは神の子とされました。神の愛は、わたしたちが神と関係を持つことを可能とします。そして、神の子になると、神に似た者になっていきます。神の愛するものを愛するようになります。

どのようにして神に似た者となるしょうか。それは個人的な聖さです。個人的な敬虔さは、わたしたちをますます天の父に似た者とします。そして、あなたが神の子であることを示す様々な性質を担うようになります。親切、優しさ、温かい心、忍耐を持つ者として成熟します。聖霊の実は神のうちにある性質で、わたしたちの内に形成されていきます。

第三に、神の愛はわたしたちを押し出します。「神にこの望みを抱く人は皆、御子が清いように自分を清くするのです」（3章3節）。ここでお話したいことは、わたしたちのうちにある動機についてです。何がわたしたちに聖さを求めさせているでしょうか。神に仕える者となるようにと、わたしたちの背中を押すのは何なのでしょうか。従順な生き方をする、その動機をわたしたちに与えるのは何でしょうか。これらのことのために神の愛は十分です。わたしがその聖さを求めるのは、神がわたしを愛しているからです。わたしは神に仕える者となりたいと願います。なぜなら神がわたしを愛しているからです。わたしたちは神の愛を忘れてはなりません。神の愛によってわたしたちは、神に従います。なぜならそれはあまりにも偉大な愛だからです。

わたしは、神があなたをどれほど愛しているか、あなたが知ってくださることを願ってやみません。神はあなたのためにすばらしい計画を持っておられます。そのことを思い巡らしてください。ヨハネが語った言葉をもとにしながら、神があなたをどのように愛してくださったかを。

（祈り）天の父よ、わたしたちを無条件の愛で愛してくださったことを感謝します。わたしたちが愛されるはずのない時に、主よ、あなたはわたしたちを愛してくださいました。わたしたちがあなたを拒んでいたにもかかわらず、あなたはわたしたちを愛してくださいました。あなたに反逆するようなひどいわたしたちだったにもかかわらず、主よ、あなたはそんなわたしたちを愛してくださいました。主よ、あなたの愛に感謝します。主よ、ここにおられるお一人お一人が、それぞれに向けられている神の愛の大きさをもう一度知ることができますように。主イエスの御名を通してお祈りします。アーメン。

（文責　宇井 英樹）

〈聖会II〉

臨在の中を共に歩む

マタイによる福音書 1章22～25節、18章15～20節
28章16～20節

郷家一二三

わたしどもの坂戸キリスト教会は、2000年の4月から5月の2か月の間、教会堂での対面の礼拝を閉じました。コロナ感染を何よりも恐れる異常事態の中で、学校では卒業式や入学式、修学旅行や授業まで中止され、臨時休校を政府が命じました。わたしどもの教団でも、対面での礼拝は閉じるように指示されました。2か月の間、礼拝を自分たちから閉じたのです。説教を配信したり、CDを配布したり、週報を教会員に届ける訪問を続けました。会堂には数人の教会スタッフだけが集い、みんなで必死に頑張りました。2か月耐えて、6月から、1時間刻みの礼拝を5回行うことで対面の礼拝を再開しました。さまざまな事情で礼拝に出席できない方が増え、集会人数は減少していきました。このコロナの中をいつまで歩ませられるのか、という思いでした。何とか守られて4年が過ぎようと

する中で、静かに思い返すと、あの時にコロナを恐れて、神への礼拝を閉じたことが、本当に申しわけないことであったと悔いています。

なぜ対面の礼拝を閉じたのか。礼拝に臨在される神を信じていたのか。神がわたしたちと共におられ、臨在してくださる。この確信は、万事が順調であり祝福されているときは揺るがなく思えても、社会全体にコロナが蔓延すると、見えないウイルスへの恐れと、感染をとがめられる危惧から、「安息日を覚えてこれを聖とせよ」との十戒を破ってしまうのか。わたしたちは礼拝に臨在される神を正しく理解していたのか。神が臨在されるとは、神が語りかけてくださる説教において、神の言葉、聖書の言葉に聞き入るところに起こる出来事なのに、神が語られる神の言葉を聴ける礼拝を、自分たちから閉じてしまった。これは神の臨在にたいする罪であった。そういう思いの中で、臨在の中を共に歩むとはどういうことなのか、み言葉に聴いて行きたいと思うのです。まず祈りましょう。「神様、どうかあなたがお語りください。あなたの御心をお示しください。あなたの御霊をお与えください。主イエス・キリストの御名によって祈ります。アーメン」。

今開きましたマタイによる福音書の3か所の御言葉は、「神が共におられる」という「神の臨在」を語っています。マタイが記している、神の臨在される3つの状況は、今まで考えられていた状況とは全く異質なものです。

1章23節の「インマヌエル、……神は私たちと共におられる」と天使が告げた時、ヨセフはマリアを密かに離縁しようと決心していました。婚約を破棄し、マリアを表沙汰にしないで離縁することを決めていたのです。愛の関係が破綻する危機的な状況でした。でもそうするしかない。愛するマリアがみごもることは、ヨセフの正しさでは乗り越えられない困惑した状況でした。

神がなさろうとする救いの道筋は、罪のない神の御子を、わたしたちと同じ人間として受肉させ誕生させることでした。これ以外に救い主がわたしたちのところに来られる方法はないのです。ただそれがヨセフとマリアの愛し合っている二人の間に起ころうとしている。ですからその時にヨセフの夢に天使が現れて、これは「インマヌエル、……神は私たちと共におられる」ことの実現だと告げたのです。全く行き詰まった状況なのですが、そこにこそが、まさに神が我々と共におられる恵みが実現する場となる、と告げられたのです。そして告げられた通りに、救い主が来られるという最大の恵みが実現したのです。

「インマヌエル」という言葉は、旧約聖書のイザヤ書の7章14節に初めて出てくる言葉です。主イエスが誕生される700年以上も前です。当時、大国のアッシリアが攻め込んで来る時に、シリアとエフライムが連合して戦おうとし、エフライムとは北王国のイスラエルのことですが、南王国のユダにも連合軍に加わるように迫って来たのです。動揺する王に預言者のイザヤは、神からの言葉と、一つのしるしとしての子どもの誕生を告げ、「その名はインマヌエル」と預言するのです。ですから、直接に、救い主の誕生とは結びつかない出来事なのですが、でもマタイはこれこそが「インマヌエルの実現」として記しているのです。罪びとの中に、罪なき神の御子が来られて、共にいてくださる。これ以上の臨在はないのです。何があろうと何が起ころうと、インマヌエルであることを決められた主イエスは、どこまでもいつまでも、我らと共にいてくださるのです。

二つめの聖書箇所は、マタイによる福音書18章15から20節ですが、ここには聖書協会共同訳では平仮名で「きょうだい」とあります。漢字の「兄弟」ですと男性だけを想像します。ひらがなの「きょうだい」は、教会の中に集っていた男性と女性の信徒を、兄弟姉妹を指しています。そこで罪が犯される時、普通なら、悪かったとお詫びをしてくるのは罪を犯した方ですが、ここでは逆なのです。罪を犯されたあなたが一人で行って、あなたに罪を犯した人と二人だけのところで、そのことが罪であると咎めるのです。常識とは逆ですが、「きょうだい」の関係の中では、罪を犯した方が孤独になり座り込み自責の苦しみの中にいることもあります。そこに行って、あなたはこういうことをしたけれど、これは神が悲しむことで間違っている、と罪を指摘するのです。対面ではなく、横並びになって、共に十字架の主を見上げ仰ぎながら語り合うのです。そこで相手が気づき、悔改めて、赦すなら、あなたは新しい友を得たことになるというのです。今までの兄弟姉妹の関係ではなく、罪を悔い改め合い、罪を赦し合う、新しいお互いとなるのです。キリストの赦しの恵みの光を浴びる関係です。その続きで、二人が心合わせて祈るとき、合わせるとはシンフォニーのように一つの音となるとき、また二人三人が主イエスの名によって集まり祈るところに、「わたしも共にいる」と主イエスは約束してくださるのです。十字架を見上げながらの祈りですから、必ずそこに主が臨在を明らかにしていてくださる。主の臨在の前に首を垂れて、お互いの罪を悔改め、お互いに赦されている罪人同士として、主イエスの臨在に包まれるのです。ホーリネスの信仰に生きる教会は、罪と汚れを自分たちで切り捨てて追い出し、そして清さを保とうとしやすいのです。結局は罪との戦いに負けてしまいます。そこで十字架の主を仰ごうとしないからです。切り捨てて保つ清さは、罪との戦いには弱く、自己義認も強いようで弱い。十字架の主から離れたところには、恵みも憐れみも清さもありません。主の臨在、主イエスが共にいてくださるところに居続け、主を仰ぎ続ければいいのです。主の憐れみの恵みが注がれるところに。

三つめの聖書の箇所は、28章16から20節です。復活された主イエスの方から、礼拝する弟子たちに近づいて来られたのです。信じない者もいたとあります。主は天に帰られる前に告別の言葉を彼らに語られます。これは天においても地においても、全ての権威をお持ちの主イエスの最後のお言葉です。「福音を携えて出て行け」。喜びの福音を携えて伝道に励めと聞こえます。「すべての民を弟子にしなさい」。あらゆる違いを乗り越えて、人々を主に従う弟子とせよ。そして洗礼を「父と子と聖霊の名によって」授けよ。「命じたことをすべて守るように教え」よ。新しい生活を教え実現してゆく。これらは教会のすべての活動そのものです。ですから教会のあらゆる奉仕、伝道も教育も、交わりも助け合いも、教会形成も信徒教育も、全てのことと共に、「世の終わりまで、いつも」主は、わたしたちと共にいてくださる。再臨までの決して離れない。主の臨在の約束、そのものです。

しかし、わたしたちはどうであったか、と問われるのです。コロナの感染拡大の恐ろしさに負けて、神の語られる礼拝、臨在の場所に座り込むことを閉じてしまった。80年以上前、1942年6月に、一斉検挙で牧師たちが逮捕され、教会が閉鎖された「弾圧」。あの時以来、閉じることのなかった、閉じてはならなかった礼拝を、自分たちの手で閉じたのです。2か月間、そして5部礼拝で、45分の対面礼拝で、そこでは三要文の、使徒信条も主の祈りも十戒も、短くするために全ては唱えなくなり、賛美は2曲に減らされ、節も2番までに短くし、説教さえも20分程度になり、短く短く、早く早く、礼拝が終わったらすぐに会堂の外へ出るように促し、挨拶は短く、交わり祈ることも禁じるような、教会が本来の姿を、自分自身で捨てて行ったのです。そして感染対策を施して、耐えてきたのです。

本質的な信仰の問題は、神の臨在をどう信じ、どこに見出し、「神はわれらと共におられる」という喜びに生かされてきたかです。正直に言えば、わたしの場合、まだらな信仰でした。いつまで続くのか。どうして集う人がだんだんと減って行くのか。いったい自分の何が悪いのか。どこに、何に問題があるのか。そのように自分を責め、周囲を厳しく見ていた。その時も、神の臨在のなかを共に歩む恵みは変わることがなかった。コロナがどんなに猛威を振るう緊急な時も、教会がひたすら耐えてきたと思っていたこの4年間も、神の臨在、共にいてくださる憐れみは、変わらなかった。教会の全ての業と共に、我々一人一人といつも共に、主は共にいてくださった。そうです、主は我らと共に最初から、いつも、罪を犯す時も、世の終わりまで、共にいてくださるお方です。祈りましょう。

主よ、わたくしどもは、4年間、何か振り回されるかのように感じておりました。自分たちだけが慌てふためいていただけで、あなたの臨在は、微塵も動かされることはなかったことを、み言葉によって知らされました。どうか、焦っていたわたくしどもを、赦してください。どうか、神がおられるなら、なぜこのような道を歩まされるのかと疑ったことを、赦してください。自分を、兄弟姉妹を、責めていた罪を赦してください。どうか、取り返しのつかない日々を送ったと思っていたことを、赦してください。この4年間も、あなたはわたくしどもの主として、わたしたちと共にご臨在してくださったお方であることを、いま告白いたします。ここに来てください。聖なる臨在の中にすでにわたしどもが入れられていることを、あなたの光を見上げさせてください。心から悔改め、十字架を見上げ、主の御名によってお祈りいたします。アーメン。

〈聖会Ⅲ〉

輝ける一人

岡田　順一

使徒言行録　16章1～15節

使徒言行録16章から、パウロが導いたテモテとリディアに注目したいと思います。この16章には、パウロとシラスによる第二回伝道旅行のことが記されています。彼らはどこに伝道しようかと祈った結果、「パウロは、デルベにもリストラにも行った」と1節に記されています。これは驚くべき選択でした。パウロは第一回伝道旅行の時にもリストラに行きました。その時、どういう経験をしたでしょうか。「ユダヤ人たちがアンティオキアとイコニオンからやって来て、群衆を抱き込み、パウロに石を投げつけ、死んでしまったと思って、町の外へ引きずりだした」と14章19節に記されています。パウロは大変な迫害を受けたリストラの地に再び行こうとしました。なぜでしょうか。迫害を受ける前に「あなたがたが、このような偶像を離れて、生ける神に立ち帰るように、私たちは福音を告げ知らせているのです」と14章15節と記されています。パウロが迫害を受けた地に再び行こうとしたのは、その地に福音を告げ知らせたからです。

1．神の言葉による祝福

パウロは命懸けで福音を伝え、神の言葉をリストラに残していったのです。その結果を見るためにパウロは再びリストラに行きました。そこで彼らが見たものは何だったでしょうか。「そこに、信者のユダヤ人女性の子で、ギリシア人を父親に持つテモテと言う弟子がいた」と1節に記されています。そこにテモテが備えられていました。パウロの命がけの伝道によって、何十人、何百人もの人が救われたわけではありません。しかし、彼が命がけで語った神の言葉を一人の青年テモテが聞いていたのです。後にテモテについてパウロが次のように記しています。「テモテのように私と同じ思いを抱き、親身になってあなたがたのことを心にかけている者はほかにいません。……テモテが確かな人物であることは、あなたがたの認めるところです。子が父に仕えるように、彼は私と共に福音に仕えました」（フィリピの信徒への手紙2章20節、22節）と。テモテはパウロにとってかけがえのない存在になりました。どうしてテモテはこのようにすばらしい器となることができたのでしょうか。彼がパウロの命がけで福音を語る姿を見たこと、そして語られた神の言葉を聞いたからです。この人のように生きたい。この言葉に自分も命をかけたいとテモテは決心したと思います。

テモテの献身の思いは、神の選びでもありました。テモテについて「信者のユダヤ人女性の子で、ギリシア人を父親に持つテモテ」と紹介されています。テモテはユダヤ人のお母さんから律法について教えられ、ギリシア人のお父さんからギリシアの最高の学問を教えられていたことでしょう。やがてパウロが今日のヨーロッパに福音を伝えようとするタイミングに、このようなテモテが必要でした。皆さん、神はわたしたちをお召しになる時、神が御声をおかけになる時は、それは神のタイミングであって、最も良い時なんです。わたしたちは、どうだろうかと迷いますが、神は最高のタイミングでお召しになるということを知っていただきたいと思います。テモテはこの神の選びに応えました。そのすべてを導きましたのは、神の言葉でした。パウロは、命がけで神の言葉を残しました。その結果、テモテというすばらしい伝道者が立てられました。彼の存在は輝ける一人でした。それは神の言葉による大いなる祝福だったのです。

2. 聖霊による導きの祝福

さて、パウロ一行は次の伝道地のために祈りました。わたしたちは何ごとにも神に祈り、聖霊の導きを求めるべきです。結論として「マケドニア人に福音を告げ知らせるために、神が私たちを招いておられるのだと確信したからである」と10節に記されています。この「確信した」という言葉は、

「結び合わせる」という意味の言葉です。パウロは消極的導きと積極的導きを結び合わせて、神の導きと信じてマケドニアに向かいました。消極的導きとは、彼らが行こうと思っていたアジア州、ビティニア州を聖霊から禁じられたことです（6～7節）。思うようにいかないことが起こることは神の消極的導きです。そのようなときには、開かれたところこそが神の導きなのです。積極的導きについて次のように記されています。「その夜、パウロは、幻を見た。一人のマケドニア人が立って、『マケドニア州に渡って来て、私たちを助けてください』とパウロに懇願するのであった」（9節）と。パウロの夢です。

そこに出てきたのは、「一人のマケドニア人」です。大勢の人が出てきて苦しんでいて、皆で助けを求めているのではありません、一人の叫びに対して「パウロがこの幻を見たとき、私たちはすぐにマケドニアに向けて出発することにした」と10節に記されています。パウロは、アジア州で福音を語るという計画を一人の人の中に神の導きを確信して変更したのです。どうしてそんなことができたのでしょう。それはパウロがキリストの心を持っていたからです。九十九匹の羊を野に残して、一匹の羊を捜し出そうとするキリストの心です。一人の人のために人生の計画を変えてくれないかとの、聖霊の御声をパウロは聞いたことでしょう。パウロは、一人のマケドニア人の叫びを聞いて、この一人のためにマケドニアに渡ろうと決心しました。この聖霊の導きが、すばらしいヨーロッパ宣教に繋がっていきました。パウロの決心が、キリスト教の世界宣教となっていったということを思うとき、聖霊の導きに従う祝福の大きさ、わたしたちが出会う一人一人が輝ける一人であることを感じます。

3．一人の救いの輝き

さて、マケドニア州に渡ったパウロ一行は、フィリピに滞在しました。そこで出会ったのがリディアです。「紫布を扱う商人で、神を崇めるリディアと言う女も話を聞いていたが、主が彼女の心を開かれたので、彼女はパウロの話を注意深く聞いた」と14節に記されています。一人導かれたテモテが尊い存在になりました。一人のマケドニア人のための決心が歴史的なすばらしい出来事を生み出しました。

一人のリディアという女性が、パウロの説教を注意深く聞いたことを通して何が起こったでしょうか。第一に「主が彼女の心を開かれた」（14節）。神の言葉を通して彼女は、神のお取り扱いを受けました。

第二に「彼女も家族の者も洗礼を受けた」と15節に記されています。彼女自身が救われ、さらには家族も救われました。これだけでも大いなる奇跡です。自分のような罪人が救われることが奇跡であり、家族も共に救われるほど幸せなことはありません。しかし、リディア一人の救いの輝きはこれで終りませんでした。「その時、『私が主を信じる者だとお思いでしたら、どうぞ、私の家に来てお泊まりください』と言って、無理やり招き入れた」と15節に記されています。ここからリディア家における家庭集会が始まりました。さらにはこの家庭集会からフィリピの教会が生み出されていきました。フィリピの教会は喜びの教会、祝福に満ちた教会となりました。

パウロの記したフィリピの信徒への手紙は、喜びの手紙とも言われています。このような教会が生み出されたきっかけとなったのは、リディアという一人の女性が、「パウロの話を注意深く聞いた」ことからでした。

第三に彼女一人の輝きは、彼女の救いは、彼女一人で終らなかったということです。家族が導かれ、さらには家庭集会、教会を生み出すに至りました。皆さん、自分が救われたことがどんなにすばらしいことであるか、どれほど感謝しておられるでしょうか。ぜひ、自分だけの救いで満足することなく、家族の救い、隣人の救いのために祈り、福音を伝えましょう。皆さん一人一人が輝いた一人なのです。

わたしは、1989年に九州の福岡に開拓伝道のために遣わされました。ちょうどその頃に、九州にもケズィック・コンベンションを開催したいとの願いが起こされ、ついに1991年1月に第一回九州ケズィック・コンベンションが開催されました。そして第二回大会のことです。海外講師は、レイモンド・ブラウン先生でした。メッセージの中で一つの例話を話されました。

一人のビジネスマンが単身で長い出張に出かけた。家族と長く別れての生活が続いた。ようやく、仕事が終って家に帰り、家族と再会する日がやってきた。最後の仕事がギリギリまで続いて、帰る列車の時間が間近になってしまった。その列車に乗り遅れると半日も待たなければならない。彼は急いで駅に向かいました。走って駅の構内に入った時、何か足に引っ掛けてしまった感触があったが、立ち止まったなら列車に間に合わないので、走り続けたが、どうも気になって走るのを止めて、戻っていった。そこで彼が見た光景は、あちこちにリンゴが散乱していた。彼は走ってリンゴ売りの台に足を引っ掛けてしまったことに気づいた。彼は申し訳ないことをしてしまったと思い、一生懸命にリンゴを拾い、売っていた少年のところに行きました。するとその少年は目の不自由な少年で、大変うろたえていた。そのビジネスマンは、その少年に謝罪し、痛んでしまったリンゴを買い取る申し出をしました。するとお金を受け取ったその少年が、ビジネスマンに言いました。「あなたは、イエス様ですか」と。

レイモンド・ブラウン先生は、このメッセージの後で、会衆に語られました。「日常生活の中で、引き返すべきなのに自分の利益のためにそうしなかったことはかなったでしょうか。示されたことに従うことによってキリストを現すことができるのです」と。そして招きの時を持たれました。「イエス様を現す生涯を歩みませんか。誰か一人のためでもイエス様を伝える働きをしたいと思いませんか」

と招かれました。その招きに応えて二人の青年が前に出ました。そのお二人は、現在伝道者となって、一人は大教会の牧師となり、一人は田舎の教会で忠実に奉仕をしておられます。その献身の動機は、一人の人にでもイエスを伝え、イエスを現したいとのことでした。今日、皆さんの中にもそういう生涯を歩みたいと思われる方はいないでしょうか。わたしたちは、イエスを現してこそ最も輝ける一人となることができます。

〈聖会Ⅳ〉

いのちのしるし

ロジャー・ウィルモア

ヨハネの手紙一　5章13節

「神の子の名を信じるあなたがたに、これらのことを書いたのは、あなたがたが永遠の命を持っていることを知ってほしいからです」（ヨハネの手紙一5章13節）。ヨハネは、この手紙を読んでいる人たちが、永遠の命を持っていることを知り、救われている確信を持ってほしいと願っていました。このヨハネの手紙一には、いのちのしるし、救いのしるしと言われるものが何度も記されています。救いの確信がない方は、ヨハネの手紙一を何度もお読みになることを勧めます。そうすれば平安と確信を得ることができるでしょう。

ヨハネは新約聖書の中で次の5つの書を書いています。ヨハネによる福音書、三つの手紙、そしてヨハネの黙示録です。ヨハネによる福音書では主に救いについて取り扱っています。三つの手紙では主に聖化について、そして黙示録では栄化の希望を伝えています。救い、聖化、栄化はわたしたちの歩みにとって大切なことです。救いはわたしたちが主イエスを救い主と信じた時に起こり、聖化はイエス・キリストと共に歩み、その似姿に変えられていくということです。栄化はやがて主のもとに携え上げられ、そこで主と同じ姿に変えられていくことを意味します。ですから、ヨハネによる福音書は過去のことについて記され、三つのヨハネの手紙では今実際に起こっていることについて、そして黙示録ではこれから起こることについて書かれています。

ジョン・フィリップス博士は、ヨハネがこれらの書物を記した時には、彼はすでに高齢であり、三世代にわたるクリスチャンたちと関わっていたと推測しています。第一世代に属するヨハネは、第一世代から話を聞いて信仰を持った第二世代を知っていますし、ヨハネがこの手紙を書いた頃には第三世代の人たちを見ていたと考えられています。フィリップス博士はこの三つの世代について、次のような興味深い見方をしています。第一世代は、確信を持って歩んでいた人たちです。自分はこのために死ねる、と言えるほどの確信を持っていて、実際に信仰に命をかけました。12人の弟子たちのほとんどが殉教し、自然死で生涯を終えたのはヨハネだけだったと言われています。第二世代は信念・信条に生きていた人たちで、親から受け継いだものを信じてはいるが、強い確信はなく、そのために死ぬほどの意志はなかった人たちです。第三世代は信念もなく、意見を持つに留まる世代です。そしてフィリップス博士は、今を生きるわたしたちもまた第三世代に属しているのかもしれない、と述べています。

ヨハネが手紙を書いた時、第三世代のクリスチャンたちが、立つべき確信から引き戻されるという危機感を持っていました。ヨハネは、第三世代のクリスチャンたちが救いの確信に立ち、神に人生を全くささげ、主イエスの御前に真実に生きることができるようにと願っていたのです。

今日は皆さんに「いのちのしるし」についてお話しします。救いの証拠とも言えます。ヨハネは手紙の中で何度も「私がこの手紙を書いたのはこのためです」と繰り返して、真実なクリスチャンとして何を知り、何をすべきかを教えています。一つの例えですが、高速道路で事故が起き、誰かが大けがをしたとします。１１９番にかけて救急車がやって来ると、救急隊員はすぐにけが人の脈拍、血圧、呼吸の有無などを確認します。けが人の状態が分かるからです。もう一つの例えとして、小型飛行機のパイロットは、飛行機に乗る前に、まず飛行機の点検をします。機体の周りを一周して異変がないかを確認します。この二つの例えは、今わたしたちにも当てはまることです。聖霊が今日もここにいてくださり、わたしたちが本当の意味で生きていて、健康な状態であるかをチェックしてくださいます。いのちのしるしについて学びたいと思います。

ヨハネの手紙においては五つのいのちのしるしがあります。霊的に生きているかを知る五つのしるしとは、イエス・キリストに対する信仰、希望、愛、喜び、服従です。一つ目の信仰について、「神から生まれた人は皆、世に勝つからです。世に勝つ勝利、それは私たちの信仰です」(5章4節)とあるように、ヨハネはいのちのしるしとして、神に対する信仰に目を留めさせます。「信仰がなければ、神に喜ばれることはできません」(ヘブライ人への手紙11章6節)の通り、信仰はクリスチャンにとっての出発点であり、クリスチャンとしての命を支えるものです。信仰は、イエス・キリストを受け入れる時だけでなく、日々イエス・キリストによって歩むために必要なものです。信仰の力は、わたしたちがどう信じるかという信じ方にではなく、信じる対象にあります。わたしのところに来て、わたしの信仰は弱いから、もっと強い信仰がほしいと言う人たちがいます。その人たちは、信仰を自分の信仰に置いてしまっています。けれどもわたしたちは、強い信仰や大きな信仰を求める必要はないのです。必要なことはただ、わたしたちの信仰を主イエスに向けることです。誰を信じているかが信仰の強さを決めます。誰か人に信仰を置いたり、教会やミニストリーに信仰を置くことは間違っています。わたしたちの信仰はイエス・キリストに向けられるべきです。

わたしたちは信仰を単に主イエスに向けるだけでなく、聖書に向けます。もしあなたが聖書の力や権威を否定するなら、強いクリスチャンとして生きることはできません。パウロもまさに聖書が信仰の源であると言っています。「また、自分が幼い頃から聖書に親しんできたことをも知っているからです。この書物は、キリスト・イエスへの信仰を通して救いに至る知恵を与えることができます。聖書はすべて神の霊感を受けて書かれたもので、人を教え、戒め、矯正し、義に基づいて訓練するために有益です。こうして、神に仕える人は、どのような善い行いをもできるように、十分に整えられるのです」（テモテへの手紙二3章15節〜17節）。まさにこの御言葉は、自分の信仰を聖書に向けることの大切さを教えています。ヨハネはここで、わたしたちの信仰は主イエスと神の御言葉に向いているだろうかと確認しています。同時に、神の約束に対する信仰を持っているかとも迫っています。わたしたちは神の約束を信頼する必要があります。「私は確信しています。死も命も、天使も支配者も、現在のものも将来のものも、力あるものも、高いものも深いものも、他のどんな被造物も、私たちの主キリスト・イエスにある神の愛から私たちを引き離すことはできないのです」（ローマの信徒への手紙8章38〜39節）。この御言葉は、神の約束はわたしたちに平安を与える保証であることを教えています。わたしたちは、主イエスに対する信仰、神の御言葉への信仰、神の約束に対する信仰について自らを確認する必要があります。

二つ目のいのちのしるしは希望です。希望こそ救いの証拠です。「神にこの望みを抱く人は皆、御子が清いように自分を清くするのです」（ヨハネの手紙一 3章3節）。もし時間があれば、聖書コンコルダンスで希望という言葉が聖書で何回使われているかを調べてください。「この世にあって、キリストに単なる望みをかけているだけなら、私たちは、すべての人の中で最も哀れな者となります」（コリントの信徒への手紙一15章19節）。わたしたちは希望に生きる民です。わたしたちは恐れに囲まれた厳しい時代に生きていますが、クリスチャンは希望なしに生きているのではありません。「『心を騒がせてはならない。神を信じ、また私を信じなさい。私の父の家には住まいがたくさんある。もしなければ、私はそう言っておいたであろう。あなたがたのために場所を用意しに行くのだ。行ってあなたがたのために場所を用意したら、戻って来て、あなたがたを私のもとに迎える」（ヨハネによる福音書14章1～3節）。この地上はわたしたちの故郷ではありません。わたしたちはこの世において旅人でしかないのです。トマスはイエスに、わたしたちはあなたがどこに行かれるのかわかりません、と言いましたが、イエスは「私は道であり真理であり命である。私を通らなければ、誰も父のもとに行くことができない」（14章6節）と語られました。

三つ目のいのちのしるしは、他の人に対する愛です。「『神を愛している』と言いながら、自分のきょうだいを憎む者がいれば、それは偽り者です。目に見える自分のきょうだいを愛さない者は、目に見えない神を愛することができないからです。神を愛する者は、自分のきょうだいも愛すべきです。これが、私たちが神から受けた戒めです」（ヨハネの手紙一4章20節～21節）。愛しやすい人がいる一方で、愛するのがむずかしい人がいますよね。愛せない人をどうすればいいでしょうか。主イエスはその人を愛することができる力をくださいます。神があなたにするようにと命じられることについて、神はわたしたちがそれをすることができるように力をくださるのです。神がクリスチャンに求めておられる愛は、無条件の愛です。見返りを求めて愛するのではありません。「神は、その独り子をお与えになったほどに、世を愛された」（ヨハネによる福音書3章16節）とあります。わたしたちは御子イエスを十字架につけてしまったのに、神はわたしたちを愛してくださいました。パウロも、「わたしたちがまだ罪人であったとき、キリストが私たちのために死んでくださったことにより、神は私たちに対する愛を示されました」（ローマの信徒への手紙5章8節）、と記しています。

いのちのしるしの四つ目は喜びです。「私たちがこれらのことを書くのは、私たちの喜びが満ち溢れるようになるためです」（ヨハネの手紙一1章4節）。わたしたちは時に、喜びと幸せを同じように捉えますが、幸せは出来事（happening）に依存しています。悪い出来事が起こると、幸せは消え去ってしまいます。一方で喜びは状況に左右されません。聖書が教える喜びは、主イエスとの個人的な関係に根ざしています。喜びはクリスチャンの証においても重要な役割を持っています。わたしは度々、人々が非常に困難な状況を通るのを目にしてきました。けれどもその困難の中で、彼らの内には信仰と希望、喜びがありました。人々はあなたを見ています。どうか喜びに満ちたクリスチャンであってください。

ダビデがバト・シェバのことで罪を犯したとき、ダビデは「救いの喜びを私に返し……てくださ い」（詩編51編14節）、「あなたが喜びと祝いの声を聞かせ 砕かれたこの骨を喜び躍らせてくださいますように」（10節）と祈っています。F・Bマイヤーは19世紀の半ばにロンドンで活躍した人物ですが、彼は人々によく次のことを語りました。バッキンガム宮殿に国王がいる時には宮殿に王室旗が上がりますが、クリスチャンにとって喜びとは、自分の内に王なるキリストがいることを示す旗であると。クリスチャンが喜びに満たされているときに、人々はわたしたちの内にキリストという王がいることを知ることになるのです。皆さんの歩みにおいて、喜びの旗は揚げられていますか。

第五のいのちのしるしは服従です。「私たちは、神の戒めを守るなら、それによって神を知っていることが分かります」（ヨハネの手紙一2章3節）。イエスも、「私を『主よ、主よ』と呼びながら、なぜ私の言うことを行わないのか」（ルカによる福音書6章46節）とおっしゃいました。神に従うことの重要さは、どれほど強調しても、し過ぎることはありません。クリスチャンの歩みを決めるのは、どれほど神の御言葉に従うかにかかっています。主イエスは「あなたがたが私を愛しているならば、私の戒めを守るはずである」（ヨハネによる福音書14章15節）とおっしゃっています。聖書の中でどの戒めが一番大切かを聞かれることがあります。むずかしい質問ですがわたしは「服従、従順」という言葉が一番大切だと答えます。なぜならクリスチャンの全ての歩みは、神の御前に従順であるかどうかに左右されるからです。

救急隊員が皆さんの周りに来て、血圧や脈拍などの健康状態を確認したらどうでしょうか。霊的な健康状態は大丈夫ですか。A・T・ピアソンは、ケズィック・コンベンションは霊的なクリニックだと言いました。ケズィックに来たら、聖霊によるレントゲン、MRI、CTスキャンを受けるのだ、と。あなたは霊的に健康ですか、それともクリスチャンとしての歩みに問題がありますか。ヨハネの手紙一には、いのちのしるしについて多くのことが記されていますが、特に今日お伝えした五つのことに目をとめていただきたいと思います。皆さんの信仰、希望、愛、喜び、服従の状態は、いかがでしょうか。もし健全な歩みができていないと感じるところがあるならば、今神の御前に出て、取り扱っていただきましょう。

（文責　黒木 真菜）

〈聖会Ⅵ〉

霊的回復への道

ジョナサン・ラム

詩編32編

ケズィックは世界15か国の19の場所で開催されていて、英国では、来年150周年を迎えます。「あなたがたは皆、キリスト・イエスにあって一つ」という御言葉をモットーとするケズィックの目的は、様々な背景をもつクリスチャンが、お互いに御言葉をとおして信仰を励まし合うことです。

今回は詩編32編から語ります。これは、個人的に罪を犯していたダビデの霊的回復への道を描いています。ダビデの経験を通して、わたしたち自身がどのように生きるべきかについて、学ぶことのできる詩編です。

詩編32編は、特に罪を犯した者が赦されていく道が描かれています。わたしたちが落ち込むのは、内にある罪から来ています。自分がどういう人間か分からないのは、造ってくださった神から離れているからです。多くの人は心の奥底で、自分の罪が赦されて解放されたいと願っています。詩編32編は、そういう人たちが健全な状態へ回復されていく旅路を教えています。それは、わたしたちにとっても、信仰の確信につながる助けになります。その信仰の旅路には段階があるので、それを一つ一つ見ていきます。

1. 第一の段階は、「苦しみ」という段階です。

32編の背景は、ダビデのバト・シェバとの罪です。ダビデは、それがどれほど恐ろしい罪であるかを分かっていましたが、その結果は、ただ自分と神との関係が壊れてしまったというだけではなく、彼の心の中に霊的に非常に強い痛みが生まれていたのです。それを3節でダビデは、「私が沈黙していたときは　一日中呻き、骨も朽ち果てました」と表しています。彼の神との関係だけではなく、彼の肉体も心も精神もぼろぼろになっていたのです。4節に、「昼も夜も御手は私の上に重く　夏の暑さに気力も衰え果てました」とダビデは書いています。彼は、自分が罪を犯したことを、分かっていました。でも、それを隠したかったのです。ですから、3節に「沈黙していたとき」とありますが、罪を覆い隠すことは、結局は罪をさらに増やすことになったのです。

しばらく前、駐車場から車を出そうとしたのですが、ハンドルが重く感じました。理由が分からないまま運転を続けました。信号で止まると、隣の車線の人が警笛を鳴らしました。彼は、わたしの車の前輪を指さしたのです。見てみると、タイヤがパンクしていました。ハンドルが少しおかしいのに、わたしはそれを無視したわけです。危険を示す警告を無視することはどんなに大変かを、そのとき経験しました。

神との関係が薄れているのではないか、あれは罪だったのではないかという思いが起こることがあります。そのような警告を感じているときは、神があなたの心に働こうとしてサインを与えてくださっているのです。ダビデは4節で、「御手は昼も夜の私の上に重く」のしかかっていますと言っています。彼は確かに大きな過ちを犯したのですが、神はダビデをお見捨てにはなっていません。立ち直らせようと働き始めておられるのです。神は恵みによってダビデに対して、あなたはこのままではいけない、ここを変えなければならないとおっしゃり、彼を立ち直らせようとしておられます。

わたしたちが、信仰者として歩む中で、何か変だと感じたり、何かこのままではいけないと感じたら、それはチャンスなのです。神がすでにあなたを立ち直らせようと働き始めておられたからです。

2. 第二の段階の言葉は、「罪の告白」です（5節）。

「私はあなたに罪を告げ　過ちを隠しませんでした。私は言いました　『私の背きを主に告白しよう』と。するとあなたは罪の過ちを　赦してくださいました」。

ダビデの信仰の回復への途上で、この瞬間は一番苦しいときですが、もっとも解放を経験したときでもあります。ダビデはようやくここで、黙っていてはいけないと気がつき、自分の罪を神に告白しました。悔い改めとは、自分の明確な意志で、これまでの罪の生活を断ち切り、神の方に向き直って進んでいくという、はっきりとした決断です。ダビデが犯した罪は、人に対して犯した罪であると共に、神に対する罪でもありました。

ダビデは、同じ経験を詩編51編でも描いています。「あなたに、ただあなたに私は罪を犯しました」。ダビデの告白は、自分の気持ちが良くなるためのものではなく、神にどれほど大きな罪を犯したのかという悲しみの告白です。そして、こんなわたしを赦してくださいと、神に訴えているのです。

赦すという言葉は、もともと「持ち上げる、軽くする」という意味です。神の赦しは、わたしの心に重くのしかかっている挫折感や罪という重荷を持ち上げてくださるということです。32編1節で「背きの罪を赦され、罪を覆われた人」という言葉をダビデは使っています。覆うという言葉は、自分の罪を、自分の目が見えるところから遠ざけてくださったという意味です。それは、絨毯の中に隠すということではなく、わたしたちの前から完全に取り除かれたという意味です。

2節でダビデは、「幸いな者　主に過ちをとがめられず、その霊に欺きのない人」と言っています。イエスをわたしたちが救い主として信じるだけで、罪の罰を全部イエスが代わりに背負ってくださり、それによってわたしたちは自由にされています。天においては、わたしたちが犯してきたすべての罪の記録は消されているということです。コンピューターには「削除」キーがあります。それをタッチすると、そこにあるものは全部消えますが、コンピューターのごみ箱には、それがまだ残っています。完全に消していくためには、そのごみ箱の中にあるものも除かなければなりません。しかし、いくらごみ箱を整理しても、専門家は消したはずのものを取り出すことができます。しかし、神がわたしたちを赦すことは、これとは全く違います。

イエスは、わたしたちの罪を全部背負ってくださいました。ですから、わたしたちは完全に真っ白にされ、自由にされているのです。わたしたちが罪を犯したとしても、自分の罪を告白するならば、神は真実で正しい方ですから、わたしたちの罪を一つ一つ赦してくださいます。しかし、わたしたちはときどきこのすばらしい真理を忘れてしまうことがあります。犯した罪とか失敗が心に残って、思い出し、堂々巡りをしていたことはないでしょうか。それは、わたしたちが犯してしまったことをDVDに記録して、繰り返し見ているようなものです。巻き戻したり、再生したりするのは、もう止めなさい。もうそのリモコンは手放し、DVDをもう一度見直すのはやめなさいということです。わたしたちは、神の赦しをただ感謝して、そのまま受け取るのです。なぜかというと、イエスが十字架の上で、わたしたちの代わりに、わたしたちが受けるはずのすべての罪の罰を受けてくださったからです。

3. 第三の段階は、「守り」という言葉です。

ここからこの詩編の作者の態度が変わっていきます。ダビデ自身、「あなたこそ私の隠れ場。苦しみから私を守り　救いの盾で囲んでくださいます」と言っています。このダビデの信仰の告白の言葉は、わたしたちにとって励ましとなります。神は絶えずわたしたちを守ろうとしてくださっている、救い出そうとしてくださっています。

パウロも、「私たちはこの御子において、贖い、すなわち罪の赦しを得ているのです」（コロサイの信徒への手紙1章14節）と言っています。それは、わたしたちが罪から解放されているということです。パウロが言う第二のことは、イエスを信じるわたしたちが持つもう一つの目的です。イエスはわたしたちを暗闇の支配から救い出してくださったという言葉です。イエスはわたしたちを罪の支配する暗闇から取り出してくださって、神の家族に、守りの中に加えてくださったのです。

わたしたちは、イエス・キリストを通して、二つのものを与えられました。罪の責めからの解放、もう一つは罪の力からの自由です。イエスはあの十字架の上で、わたしたちの罪のすべてを帳消しにしてくださっただけでなく、わたしたちを攻撃する敵の力を打ち砕いてくださいました。わたしたちはイエス・キリストを信じたときに、サタンの支配から救出されて、神の守りの中に入れられたのです。これが、この詩編が言おうとしていたことです。わたしたちは、神の守りの確信を持つことができます。

皆さんの中には、将来に対する恐れを感じている方がいらっしゃるでしょうか。そのような恐れがあるなら、ぜひこの詩編を、神の守りがあることを覚えていてください。特に10節に美しく表現されています。「主に信頼する人は慈しみに囲まれる」。神の愛、慈しみは、わたしたちの周りを取り囲んでいます。わたしたちを包んでいてくださるのです。神が両腕でわたしたちをしっかり守ってくださいます。わたしたちは罪を犯すことがあります。しかし、ダビデのようにその罪を告白して、神の赦しを体験して、神の腕の中で守られていることを確信できます。「主に信頼する人は慈しみに囲まれる」という言葉は、神が両腕にわたしたちをしっかり守ってくださる神の守りの力です。

4．第四の段階の言葉は、「神からの教え」です。

神がわたしたちを教えるということが書かれています。父が子どもを愛するイメージです。神から罪の赦しをいただいたとき、新しい将来に向かって進んでいくことができますが、そのときに神はすばらしい約束をしておられることを、ダビデは書いています。8節、9節です。「私はあなたに悟りを与え　歩むべき道を示そう。あなたの上に目を注ぎ、諭を与えよう。あなたがたは　分別のない馬やらばのようであってはならない。それらをくつわと手綱で御して　あなたに近づけないようにせよ」。

あなたの上に目を注ぐとは、こういうことです。小さい子どもがちょうど歩くことを覚える様子を思い出してみましょう。わたしには三人の娘がいますので、這うことから立ち上がって歩き出そうとする姿を覚えています。娘が歩き始めるのを見たとき、「よくやったね。では次にマラソンを走りなさい」と言いません。父親は娘が倒れないように支えながら、側にいて一緒に歩きます。転ばないように支えたり、こっちに行くんだよと導いていったりするのが父親です。「あなたの上に目を注ぎ」と神は言われました。これは神が一瞬たりとも目を離さず、あなたを見ておられるということです。

また、神の導きに従おうとするのが大切です。「分別のない馬やらばのようであってはならない」とあります。神は、わたしたちを無理やり力づくで引っ張るということはありません。わたしたちが素直に従うその従順さに応じて、わたしたちを導かれます。この言葉は、ケズィック運動に関わっています。ケズィックは、神の御言葉を聞くことを大切にしています。もしわたしたちが罪から離れ、神が示される道に進んでいこうとするならば、神の御言葉を聞くことが必要です。神はわたしたちを教え、導いてくださいます。神はわたしたちを造ってくださいました。贖い出してくださいました。ですから、進むべき道を知っておられるのです、わたしたちが進むための説明書がこの32編にあるのです。わたしたちが間違ったとしても、神はこちらの方向に行くのだよと、わたしたちを導いてくださいます。

5. 最後の段階は、「祝い」という言葉です。

ダビデの回復への道の旅路の最後は、喜びに満ちた言葉です。11節に「喜べ、喜び踊れ」とあります。この旅路の初めに、ダビデの目には涙がありました。罪の苦しみの中に涙がありました。彼の口は、3節にあるように閉じられたままでした。しかし、今、彼の口は大きく開いています。神から新しい歌を受け取ったからです。

もっとも喜びに溢れた人は誰か。それは、神から赦されたと確信した人です。わたしたちの罪の責めは全部取り去られました。そして、ただこの神の恵みのゆえに、わたしたちは一日一日、イエスの姿に変えていただく者でもあります。

わたしたちは皆、回復への道を同じように歩んでいるのではないでしょうか。聖書の中では、あなたは必ず回復される、立ち直れると約束されています。わたしたちは確かに失敗をする者です。しかし、その度にわたしたちは主の許に戻らなければなりません。もう一度神から赦しを受けて、回復を得ていかなければなりません。罪を赦され、神の家族の中に受け入れられる喜びを得ましょう。

（文責　新川 代利子）

〈ユースコンベンション　I〉

献身することの大きな意義

ジョナサン・ラム

コリントの信徒への手紙二 5章10～21節

ある日わたしはオックスフォードからロンドンまで車で移動していました。するとロンドンの手前でひどい渋滞に巻き込まれてしまったのです。そのとき、ある看板が見えました。そこには、「なんでわたしは毎日こんなことをしているんだろう」と書いてあったのです。その場所でいつも渋滞にはまりストレスを抱える人たちにとっては皮肉なメッセージだと思います。

しかし、これは自分自身にとって大切な質問だと思いました。「なぜわたしは今やっていることをやっているのだろうか」。「自分の人生にとって大事なことをやっているのだろうか」。わたしたちは自分の人生の目的と動機について確認していく必要があると思わされたのです。

人にはそれぞれの目標があります。ある人はテストで良い成績を取りたいという目標があると思いますし、仕事で出世したいという人もいるでしょう。また友だちを増やしたいとか、健康になりたいという目標を持っている人もいるでしょう。しかし、聖書は、クリスチャンは自分のために生きるのではなく、キリストのために生きるべきだと述べています。

これから読んでいくコリントの信徒への手紙二を書いたパウロも、以前の古い生き方を捨てて、クリスチャンとしてイエスに仕える新しい生き方に変えられていきました。なぜキリストのために生きることが重要なのか、三つの理由についてみていきたいと思います。

1. 救い主イエスに愛されているから

第一の理由は「イエスに愛されているから」です。コリントの信徒への手紙二5章14節でパウロは「キリストの愛が私たちを捕らえて離さないのです」と書いています。まず主イエスがわたしたちを愛してくださっているから、わたしたちもイエスのために生きるのだということです。つまり、パウロはイエスの愛によって押し出されて宣教に励んでいると語っているのです。

わたしは以前カヌーで川下りをしたことがあります。まずは湖からはじまり、徐々に川幅が狭くなっていきました。そこでカヌーがフワッと川の流れに押されて進んでいくのがわかりました。神の愛もそれと同じです。神の愛はクリスチャンを優しく押し出し前進させるのです。続く14、15節で、キリストの愛がどのようにわたしたちを押し出すのかについて、より詳しく書いています。

「私たちはこう考えました。すなわち、一人の方がすべての人のために死んでくださった以上、すべての人が死んだのです。その方はすべての人のために死んでくださいました。生きている人々が、もはや自分たちのために生きるのではなく、自分たちのために死んで復活してくださった方のために生きるためです」。

ここには四つのポイントが書かれています。①キリストがすべての人のために死んでくださった。②そして、すべての人が死んだ。つまり自己中心的な古い自分は死んだ。③だから、もはや自分のために生きるのではない。④復活してくださった方のために生きるのだ。

あなたはイエス・キリストの愛を経験されているでしょうか。そしてイエスのために生きているでしょうか。聖書の良い知らせとは、「あなたは愛されている」ということなのです。わたしたちはその愛に押し出されて生きるように導かれているのです。

わたしの友人で、シベリアのヤクーツクという場所で伝道している宣教師がいます。彼はオックスフォード大学を卒業した優秀な人物なのですが、学歴に関係なく、シベリアの奥地にいくことを決断しました。北極圏付近なのでとても寒い場所です。特別美しい場所というわけでもなく、クリスチャンもほとんどいない地域です。わたしは彼に「なんであなたはここにいるのか」と尋ねました。そのとき、彼はこの5章14節を引用して、「わたしはキリストの愛を経験しました。キリストはわたしのために十字架にかかって死んでくださったのです。そしてキリストはわたしのためだけでなく、この町の人たちのためにも、すべての人のために死なれた方です。だからわたしはここにいるのです」と言ったのです。

彼の言う通りです。イエスはわたしたちのために命を投げ出し、永遠の命を与えてくださいました。そうであれば、わたしたちは彼のように、喜びをもってイエスに仕えていくことができるのではないでしょうか。

2. 裁き主イエスに対する説明責任があるから。

次に二番目の理由を見ていきたいと思います。それは、「裁き主イエスに対する説明責任があるから」ということです。5章10節には次のように書いてあります。

「私たちは皆、キリストの裁きの座に出てすべてが明らかにされ、善であれ悪であれ、めいめい体を住みかとしていたときに行った仕業に応じて、報いを受けなければならないからです」。

ここでパウロは、クリスチャンも裁きの座に立つと言っています。それはどのような裁きなのでしょうか。もちろん皆さんはキリストによって既に救われているので安心してください。ここでいう裁きは永遠の命に関係するものではなく、自分がクリスチャンとしてどのように生きたのかを申し開きしなければいけないということです。パウロはこのことについてコリントの信徒への手紙一3章で詳しく述べています。

パウロは、キリストという土台の上に、あなたはどのような家を建て上げるのかと言っています。つまり、キリストという土台の上に、どのように人生を築いていくのかが重要なのです。ある人は、草や藁で家を建てるでしょう。しかし、そのような素材では建物は長持ちしないのです。パウロは、金銀のようないつまでも保たれるもので建てあげなさいと言っているのです。それは、永遠に価値のある生き方をしなさいという意味です。

皆さんは、永遠に価値のあるものに人生の時間を費やしているでしょうか。それともすぐ消えてなくなるようなものに時間や労力を割いていませんか。

マタイによる福音書でイエスは二つの譬え話をしています。一つ目は農夫の話です。農夫は、畑を耕していると宝を見つけました。すると彼は自分の財産を全て売り、この畑を買ったのです。二つ目は、真珠を集める人の話です。ある人が大きな真珠を発見ました。するとその人も財産を全て売って、その最高の真珠を買ったのです。この二人は、何か大きな犠牲を払ったのでしょうか。違いますね。彼らは喜んで持ち物を売り、より価値あるものを選んだのです。なぜなら、得ようとしているものの価値を分かっていたからです。

わたしたちも、主に仕えるためには、今持っている何かを手放さなければいけないということがあります。でも、それはもったいないことではないのです。なぜなら、イエスのために人生を築き上げているからです。

最近わたしはアップル社がビジネスを始めた頃の記事を読みました。彼らは優秀なスタッフを雇うため、ペプシコーラから、ヘッドハンティングをしたそうです。ペプシ社という大企業からまだ無名のベンチャー企業に誘うために、採用担当者は核心をつく質問をしたそうです。「あなたはこれからも炭酸水を作っていくつもりですか。それとも、わたしたちとこの世界を変えていきませんか」と。

パウロが言っていることも同じです。わたしたちはいずれイエスの前に立ち、どのように生きてきたか申し開きをしなければいけないのです。そのとき、あなたが自分の人生を藁や草のようなものに費やして無駄にしてしまったと言うのではなく、いつまでも続く価値のあるもの、つまりイエスのために生き、世界を変える働きをしたと言えることが大切なのではないでしょうか。

3. 王なるイエスによって遣わされている者だから

キリストのために生きることが大切だという三つ目の理由は、「王なるイエスによって遣わされているから」です。パウロは5章20節で、たとえ話を用いてクリスチャンの生き方はどのようなものかを説明しています。

「こういうわけで、神が私たちを通して勧めておられるので、私たちはキリストに代わって使者の務めを果たしています。キリストに代わってお願いします。神の和解を受け入れなさい」。

わたしたちはキリストを信じたときから、キリストに属する者になっています。そしてわたしたちには新しい役割が与えられているのです。それが20節に書いてある「使者」です。他の訳では「大使」とも書かれています。大使とは外国に行って、自分の国を代表する人物です。もしあなたがクリスチャンであり、キリストにつく者であるなら、あなたはキリストによって遣わされた、キリストの大使なのです。王なるイエスはわたしたちを大使として遣わしてくださって、代わりに語りなさいと言っているのです。またその権威も与えられました。主のために生涯を捧げる理由がここにあります。それはわたしたちが王なるイエスに選ばれ、遣わされているからということです。

あなたは今いるところに、キリストによって大使として遣わされているのです。わたしたちがどういう言葉を語るのか、どういう生き方をするのか、その一つ一つがキリストを背負っているということを忘れてはいけません。

ある方が、人々がクリスチャンにならない二つの理由についてユーモアを込めて話していました。「一つ目の理由は、クリスチャンに一度も会ったことがないから。そして二つ目の理由はクリスチャンに出会ってしまったから……」。とても大切なメッセージを伝えていると思います。わたしたちの生き方、言葉、全てがキリストを代表しているのです。

ですから、わたしたちが語る言葉と行いが一つでなければいけません。わたしたちには、キリストの大使として、キリストの代わりに福音を語り、福音に生きる使命が与えられているのです。

まとめ

冒頭で、わたしはある質問を投げかけました。それは「あなたは、なぜあなたが今していることをしているのか」という問いでした。今日読んだコリントの信徒への手紙二5章は、あなたの人生をイエスのために生きていきなさいという招きです。今日はその理由を三つお話ししました。1．救い主イエスに愛されているから。2．裁き主イエスに説明責任を負っているから、3．王なるイエスに遣わされているから。

あなたの人生をキリストに明け渡し、キリストのために生きるものとなってください。これに勝る生き方はないのですから。

（文責　阿部 頼義）

〈聖会　Ⅶ〉

神は私を知っておられる

藤本　満

詩篇139篇1～5節

1 主よあなたは私を探り知っておられます。
2 あなたは私の座るのも立つのも知っておられ遠くから私の思いを読み取られます。
3 あなたは私が歩くのも伏すのも見守り私の道のすべてを知り抜いておられます。

神というお方がおられたとしたら、この方は世界を知っておられるだけでなく、わたしを知っておられる……。ここから話しを始めて行きます。「あなたは私の座るのも、立つのも知っておられ遠くから私の思いを読み取られます」。それほどまでに、神はわたしたちに目を注ぎ、わたしたちの内にあるものも外にあるものも知っておられます。

●見られることを嫌う

そこまで見られる、知っておられることに恐れをいだくこともありましょう。もしこれが人間同士であるなら、犯罪行為です。スマホの中身を他人に見られた、日記を親に読まれてしまった。心の中のことまでも知られたら、これほど不快なことはありません。

サルトルという哲学者は視線を研究しました。視線には人を裸にする力があるというのです。仮に人が相手をじろじろ見るようなことをするなら、それは虫眼鏡で昆虫を見るようなもので、人間に対してすることではない、と。

講壇に立ちますと聴衆は説教者をじろじろ見る権利を持っています。説教者は、その話し方も内容も服装も表情もすべて聴衆に晒されています。それが説教者を疲れさせることもあります。人前で話をすることは、わたしたちを疲れさせます。サルトルは、それを人前で裸にされることだと述べました。

実は、この「見られる／裸にされる」ということは、わたしたち人間が背負っている根本的課題です。創世記に人間の初め、アダムとエバの話しが出てきます。そこには短くても、人間の本質的な姿が描かれています。二人が、園の中央の神が食べてはならないと命じられていた実を食べたときに、「このようにして、ふたりの目は開かれ、それで彼らは自分たちが裸であることを知った」（7節）とあります。すると彼らはいちじくの葉をつづり合わせて、自分たちの腰のおおいを作りました。

「目が開かれた」とは、比喩的な表現です。彼らは以前から目が開かれていました。しかし、罪を犯したときに、裸を意識しました。あるがままの自分が見られるのを恥ずかしく思いました。かつては、互いに見つめられ、見られても、なんとも思いませんでした。それが罪を犯したいま、互いの視線を恐がるようになりました。

それだけではありません。二人は神の視線も避けるようになり、林の木々の中に身を隠します(3章8節)。かつては、そよ風の吹く頃、園の中を歩き回る神の声を聞いたとき、アダムもエバも神の訪れに喜び、神と語らうことを平安に楽しんでいました。しかしいまは、その声に恐れを感じました。心のやましさのために、彼らは神を避けました。これが、罪あるわたしたちの姿です。

わたしたちは、ありのままの自分を見られる、知られることを恐れます。自分に恥ずかしい部分があると自覚したとき、それを懸命に隠します。

●ありのままを知ってほしい

ところが興味深いもので、人間は恐れずにありのままの自分をさらけ出せる安息の場所を捜し求めています。わたしたちは、ありのままの自分を知られたくないと思いつつも、本当に近しい人には知ってもらいたいと思っているものです。もし自分の弱さ・過去・恥ずかしい体験を語ろうとすると、その瞬間、緊張が走ります。相手はありのままの私を受け止めてくれるのだろうか、それとも否定的な態度をとるのだろうか。

「知られたくない、でも知って欲しい……」。これは、神に知られるということにも当てはまります。ダビデは詩篇32篇で次のように記しています。

「私は黙っていたときには、一日中、うめいて、私の骨々は疲れ果てました。それは、御手が昼も夜も私の上に重くのしかかり、私の骨髄は、夏のひでりでかわききったからです。私は、自分の罪を、あなたに知らせ、私の咎を隠しませんでした。私は申しました。『私のそむきの罪を主に告白しよう。』すると、あなたは私の罪のとがめを赦されました」（3〜5節）。

ダビデはどんなに隠しても黙っていても、神の視線はするどく自分に注がれていることを知っていました。ですから、一日中うめき疲れ果て、と告白します。隠すことに疲れ果ててしまいました。神の視線に怯えて、生きることに疲れてしまいました。彼は勇気をもって告白します。すると、なんと恵みの神は、彼を赦してくださいました。

このような体験から、ダビデは、詩篇139篇を記しています。「主よあなたは私を探り知っておられます」（1節）。ダビデはこれほどまでに知られていて、神に恐れを抱いていません。最後の23節には、「神よ。私を探り、私の心を知ってください。私を調べ、私の思い煩いを知ってください」とあります。つまり、すべてを知っておられる神に、さらに知っていてください。そして、「私のうちに傷のついた道があるかないかを見て私をとこしえの道に導いてください」（24節）と述べることによって、憐れみ深い神は、傷ついた道を許してくださり、正してくださり、義の道へと導いてくださることを信じています。

ダビデは、ありのままの自分を受け止めて、自分を限りなく深く、自分以上に自分を知っていてくださる方と出会いました。その方は、罪に堕ちていく自分を、ありのままで受け止めてくださるということを知ったのです。その方が、限りなくあわれみ深いことを知りました。この神に知られていることは、恐れではありません。平安です。

●神の前でさえ

2005年にアカデミー賞を受賞した「ミリオンダラーベイビー」という映画があります。見終わった瞬間は、絶句です。ことばはありません。深い人生の意味が込められた映画です。まだ観たことがなければ、ぜひご覧ください。映画の中に、小さなことですが興味深い場面があります。クリント・イーストウッド演じる主役の老齢のボクシングトレーナーが、地味な生活をしているのですが、カトリック教会のミサにしばしば足を運びます。そこで司祭さまと出会うと、彼は毎回のように奇妙な質問をします。

キリスト教の三位一体の教えは不可解だとか。マリアの処女降誕などあり得るのか、と。司祭さまには、嫌がらせとしか思えません。ミサに通っているのに、司祭さまと会うとなぜ悪態をつくのでしょう。映画を見ている人には、彼の心の中に願いがあるのが徐々に分かります。彼は別れて連絡の取れない娘がいます。定期的に手紙を出しています。毎回「転居先不明」と手紙が戻ってきます。

わたしはあの映画を見ていて思いました。人は、その願いを簡単に表に出さないのです。この映画の主人公は、誰も自分の心の願いを受け止めてくれないという前提でミサを守っています。わたしたちが礼拝に来たとき、主の前で、牧師にありのままの思いを伝えることができるのでしょうか。

いいえ、必ずしもそうとは言えません。そう簡単に自分の心の中を人前でさらけ出せないのです。神はそれを受けてくださるはずだと信じて、神の御前に来るのですが、自分の心の奥の問題については沈黙します。人のために祈っても、自分のために祈ることがなんと少ないことでしょう。

●誰の前なら？

そう考えますと、聖書の中に、「心を注ぎだして神に祈る」という興味深い表現が何度も出てくるのは、注目に値すると思います。人は神にさえなかなか口を開かないのに、ある人たちは心を、人生のすべてを神の御前に注ぎだして祈ります。「注ぎだす」とは、からっぽにする、全部を与える、という意味です。わたしたちが神に祈るとき、その苦悩も涙も、すっからかんになるまで神の御前に話ししてしまう、ということです。

「注ぎ出す」という動詞が、旧約聖書の実に味わい深い箇所で使われています。それはイザヤ53章12節です。「それゆえ、わたしは、多くの人々の間で彼に分け与え、彼は強い者たちに戦利品を分け与える。それは、彼がそのいのちを死に明け渡し、背いた人たちとともに数えられたから」。この節の「いのちを死に『明け渡し』」が注ぎ出すという動詞です。キリストが、わたしたちの罪を担い、わたしたちのためにとりなしをするために、御自身のいのちを「注ぎだした」という十字架の場面です。

●イエス・キリストの前なら

イエスはわたしたちを勝ち取るために、わたしたちの罪を負い、ご自身のいのちを死の上に「注ぎされた」のです。一滴残らず、いのちを注ぎだされました。わたしたちがありのままの弱い、罪深い、恥ずかしい自分を注ぎ出すのは、わたしたちのためにご自身のいのちさえ注ぎだして、わたしたちの弱さ・罪・恥を負ってくださった主イエスの御前であるということを心に留めましょう。

わたしたちはいったいだれの前なら、自分の悩みや苦しみを注ぎ出すのでしょうか。人の前でそれができるでしょうか。神の御前であるなら、なおさら遠くに感じるのでしょうか。いいえ。わたしたちが心を注ぎだして祈るのは、十字架の主イエス・キリストの御前なのです。わたしのためにいのちをすっからかんになるまで与え尽くされた方の御前で、わたしのすべてを受け止めてくださる主イエスの御前で、わたしの悩みを、わたしの痛みを注ぎ出すのです。

〈第31回 沖縄ケズィック バイブルリーディング3〉

困難な時代にキリストの証人として生きる

デビッド・オルフォード

ペテロの手紙第一 3章8〜18、22節

一日目は「イエス様に焦点を置く」という主題で語りました。二日目は「聖霊の働き」について語りました。最後の日、今日のテーマは「困難な時代にキリストの証人として生きる」です。使徒ペテロは、困難な迫害を経験している信徒たちのことを心配しました。でも困難の中でもしっかりと立ってほしいと手紙を書きながら、信徒たちを励ましています。

1．あなたに敵対する人々を祝福しなさい

ペテロは、すべてのクリスチャンが持っておくべき性質について述べています。すべてのクリスチャンは「一つ思いになり、同情し合い、兄弟愛を示し、心の優しい人となり、謙虚でありなさい」

（8節）。これらの性質は、キリスト教会が世界に対して証しをするために非常に重要なものです。ですから、クリスチャンは、特に信者同士の交わりにおいて良好な関係を築く必要があります。教会が群れとして世の中に証しすることになります。

しかし特に大きなチャレンジは、自分たちに反対する人、悪を働く人を祝福することです。9節を見ると人々が悪を働くときも、悪をもって復讐せず、かえって祝福せよと言います。ペテロは反対する人々の祝福を祈るべきだと言うのです。わたしたちには復讐するという誘惑があります。でもクリスチャンは祝福するために召されたと、ここには書いてあります。

わたしの知り合いのケズィック講師でもあるウガンダの牧師がいます。『アミン大統領という独裁者を愛します』という本を書きました。それは危険なことでもあります。人々は驚きました。でもそれが証しの機会となりました。主イエスもマタイの福音書5章において、迫害し、悪口を言われても喜びなさいと言われました。

わたしたちはペテロの師である主イエスの教えを思い出す必要があります。

「わたしのために人々があなたがたをののしり、迫害し、ありもしないことで悪口を浴びせるとき、あなたがたは幸いです。喜びなさい。大いに喜びなさい。天においてあなたがたの報いは大きいのですから。あなたがたより前にいた預言者たちを、人々はおなじように迫害したのです。」

（マタイの福音書5章11～12節）

主の忠実な証し人は、自分にとって困難でも反対する人を祝福する準備ができている人です。悪を行う者を祝福する理由は、クリスチャンがまず神から祝福を受けているからです。主に信頼し、主の恵みと力を求めてこそ、わたしたちは他の人を祝福することができます。

2. 常に良いこと（善）を行いなさい

ペテロは10～12節で詩篇34篇を引用しています。

「いのちを愛し、
幸せな日々を見ようと願う者は、
舌に悪口を言わせず、
唇に欺きを語らせるな。
悪を離れて善を行い、
平和を求め、それを追え。
主の目は正しい人たちの上にあり、

主の耳は彼らの叫びに傾けられる。
しかし主の顔は、
悪をなす者どもに敵対する」。

詩篇は、善を行い正しく生きる人を神が喜ばれると描いています。わたしたちは人々からひどい扱いを受けると、怒りに駆られ、仕返ししたくなる誘惑があります。これは間違っています。この手紙の中で何度も、苦しみに直面しても善良で義なる生き方を貫かれたキリストが、わたしたちの模範として示されています。

「キリストも、あなたがたのために苦しみを受け、
その足跡に従うようにと、
あなたがたに模範を残された。
キリストは罪を犯したことがなく、
その口には欺きもなかった。
ののしられても、ののしり返さず、
苦しめられても、脅すことをせず、

正しくさばかれる方にお任せになった。
キリストは自ら十字架の上で、
私たちの罪をその身に負われた。
それは、私たちが罪を離れ、
義のために生きるため。
その打ち傷のゆえに、あなたがたは癒やされた。」

（ペテロの手紙第一2章21～24節）

ペテロは手紙全体をとおしてイエスを模範としなさいと勧めています。イエスがまずわたしたちのために犠牲を払われました。わたしたちが主の証人として生きるために、迫害する者を祝福し、善を行う者となることが勧められています。

3．他人を恐れてはならない

ペテロの手紙第一3章14節を見ると、人々を恐れてはいけないということが書かれています。恐れを感じることはあります。反対されること、人からの評価、人間関係を恐れます。でもペテロは神が十分な方であるといいます。イエスが解決してくださる。キリストを信じることで大胆に生きていけます。

パウロは弟子のテモテに言いました。「神は私たちに、臆病の霊ではなく、力と愛と慎みの霊を与えてくださいました」（テモテへの手紙第二1章7節）。神は確信となるものを与えてくださっています。わたしたちにも同じ御霊が与えられています。

あるスポーツチームには、「相手を尊敬はしても恐れてはならない」というモットーがありました。わたしたちは主と関係をもって生きている者です。愛は恐れを締め出します。

4. キリストの忠実な証し人になりなさい

忠実な整えられた証し人には準備が必要です。

「むしろ、心の中でキリストを主とし、聖なる方としなさい。あなたがたのうちにある希望について説明を求める人には、だれにでも、いつでも弁明できる用意をしていなさい」（15節）。

①内なる献身が必要です

キリストの忠実な証し人となるために、わたしたちは、自分の心を神に明け渡さなければなりませせん。心に主の宮を持つことです。イエスだけを心の王座にお迎えすることです。心の中で主を聖なる方として敬うことが必要です。

主イエスだけです。イエスを聖なる方であると、行いをもって証しすること。あなたの生活を主に全面降伏して、ささげること。そうするとあなたの生活を通して主の御名があがめられます。そのような関係を持つと他の人のことが気にならなくなります。一週間は168時間、その1時間1時間を主にささげて生きなければならないと、昨日青年たちに話しました。何をしているときも、態度と言葉をもって、キリストこそわたしの主であると告白して生きることです。

「イエス・キリストは天に上り、神の右におられます。御使いたちも、もろもろの権威と権力も、この方に服従しているのです」(22節)。

イエスはすべてに勝って主なる神です。イエスこそ主の主です。キリストは聖なる主です。イエスにライバルはいません。だからすべてをおささげできるのです。このお方に忠実に歩まなければなりません。イエスが自分の人生をご支配くださる主であると認めるなら、人にも語りたくなるはずです。

②福音を宣べ伝える準備が必要です

15節後半には「希望について」「弁明できる用意」と書いてあります。忠実な証し人となるためには、わたしたちが持っているキリストにある希望について、人々から尋ねられたときに、クリスチャンはいつでも答えられる準備ができていなければなりません。希望を分かち合う必要があります。人々から「なぜ教会に行っているのですか」などと尋ねられたとき、答える準備が必要です。ペテロが言うのは、神の憐れみのゆえに与えられる希望です。キリストのゆえに新しい命が与えられました。ペテロはキリストの復活の事実、経験を伝えます。確信をもっています。それが生ける希望です。さらにイエスが再び来られる希望があります。忠実な証し人は、尋ねられたとき、答えられる準備が必要です。福音を、救いの証しを、語ることができるよう準備しておく必要があります。わたしが経験した変化を伝えるのです。

③ 模範的な行動をとることが必要です

a　わたしたちの話し方において

わたしたちがキリストの福音を語るときに、福音は、適切な方法で語られなければなりませんし、同時に、誠実な生き方が伴わなければなりません。わたしたちが福音を語るときに、傲慢な話し方、失礼な話し方で語ってはなりません。むしろ、謙虚さと敬意を持って柔和な心で伝えるべきです。そして、語る言葉が生活にマッチしていなければなりません。

b　わたしたちの生き方において

ペテロの手紙を受け取った信者たちは、当時、厳しい状況の中に置かれていて、つねに人々から攻撃されていました。クリスチャンの証しやメッセージに対する人々の反応の多くは、中傷やののしりでした。そのような中でわたしたちが良い証し人となるためには、良い生き方が伴わなければなりません。生き方が伴うときに、人々は何も反対することができなくなります。

福音を知らない方が30億人います。わたしたちの近くにもいます。キリストを伝える重荷がありま す。人々を祝福し、善を行い、語るならば、人々はわたしたちを通してキリストを知ります。人々を祝福し、恐れず生きる生き方です。しかし何より一番大事なことは、心から神に献身する生き方です。

わたしの父が言いました。ケズィック・コンベンションのコンベンションは「ゴールを目指す」という意味だと。今晩のゴールは、心を神に明け渡し、イエスの忠実な証し人として生きると決心することです。福音を分かち合うものとなるため、備えるものとなりたいと思います。

（文責　石川 剛士）

〈第32回 九州ケズィック・コンベンション 聖会Ⅱ〉

聖なる神との出会い

小野 淳子

ガラテヤ人への手紙 2章19、20節
ピリピ人への手紙 1章21節、2章8節

聖会Ⅱでは、「聖化」の恵みを通して、「聖なる神との出会い」をお話しさせていただきます。

1．献身への召し

1967年9月8日、岡山大学3回生の20歳の時、十字架のキリストと出会い、新生の恵みを受け、9月17日に水のバプテスマに与かりました。その一か月後、教会での「青年修養会」が開かれ、20名ばかりのうちの一人として参加させていただき、思いも及ばない神からの語りかけを聴きました。それがわたしの献身の原点となる体験でした。二泊三日の二日目の夜のことでした。わたしはふと、

「せっかく礼拝堂で寝るのなら、講壇の前でお祈りして寝ようかな」とオルガンの横のあたりにひざまずいて祈ろうとしました。こういう表現しかできないのですが、わたしの左前あたりに神が立たれて、こう語りかけられました。「わたしの息子のイエス・キリストは、死に至るまで、しかも十字架の死に至るまでわたしに従ってくれたのだが、あなたもそうできますか。あなたもそうできますか」と、確かに二度語り掛けられました。「は⁉」と、自分の心の内を見ると、何しろ20歳でしたから、心のうちに想う人もあったし、様々なものを愛している自分がいました。それに引き換え、イエスはと言えば、すべてを、そう、命までも捨てられて父なる神を愛され、従われたと思ったとき、思わず「神様、わたしもそのように純粋にあなたをのみ愛し、イエス様のようにあなたにお従いしたいです」と、涙してお祈りしました。実はこの体験が、わたしの献身の生涯を支える原点であるのです。「自らを低くして、死に至るまで、それも十字架の死にまで従われました」(ピリピ人への手紙2章8節)。

翌朝、長島牧師にその体験を話し、それ以後直接献身への導きをしていただきました。１９６７年11月の教区青年修養会で立ち、１９６８年の香登修養会で立ち、最終的には、修養会後に召命のみ言葉をいただきました。「今、神である主は、わたしをその御霊とともに遣わされ」(イザヤ書48章16節)とのみ言葉をいただき、自分を聖別することを教えられ、１９６９年3月に大学を卒業して、4月に関西聖書神学校に入学させていただいたのでした。それまで微塵も考えたことのない直接献身への道でした。

2. 聖霊のバプテスマ・その1

神学校には22歳で入学しました。神学校は、まことに霊の器ぞろいでした。沢村五郎校長、小島伊助教授、向後昇太郎学監、女子寮は、J・マッコーミック舎監、山田晴枝舎監、宣教師の先生方も、E・W・ゴズデン先生、R・ヘイウッド先生、P・T・ルーク先生と、クラスで教えていただきました。在校生は、わたしの学年だけでも30名、全校神学生は、100名を超えていました。

そういう中で、わたしが魂のお取り扱いをいただいたのは、教会実習の複数奉仕の中でした。神学校に当時一番近い教会だった垂水教会に、男子神学生5名、女子神学生5名で奉仕に行っていました。早天でも、クラスでも、祈祷会でも語りこまれたのが、〈聖霊のバプテスマ〉です。「しかし、聖霊があなた方の上に臨むとき、あなた方は力を受けます。そして、エルサレム、ユダヤとサマリヤの全土、さらに地の果てまで、わたしの証人となります」(使徒の働き1章8節)。「ああ、わたしはまだその聖霊のバプテスマなるものはいただいていない恵みだ、本当に力を受けて、力ある主の証人になりたい、救われ甲斐のある主の証人に」と渇き求め始めたのでした。そうすると、神がお取り扱いを始められました。教会奉仕で他の神学生が「君、良くできたね」と牧師に言われているのを聞くと、「え、あれくらいわたしにだってできますよ」と心の中で思い、また、他の神学生たちが、わたしを含まないで、何か話し合っているのを見ると、自分がのけ者にされたような気がして、気分を悪くして、「あの、わたしもここにいるんですけど」と思い、いわゆる「我」の台頭でした。日本語で、「わたしが、わたしが」と、「我」を突っ張るのでした。のちに英国に行って、もっと衝撃的だったのは、罪という単語の複数は、sがつく、しかし、罪の性質の単語にはsがつかずSIN。そしてその単語のど真ん中にあるアルファベットは、なんとI（わたし）だと気が付いたことでした。問題はいつもこの「わたし」だったのです。土曜日、日曜日、水曜日と、自我の台頭の現実の中で、8か月ほどの自我との葛藤にへとへとに疲れました。

年が明けて、1970年1月の最終聖日の朝、「きょう自分が何か話したら、口から汚いものが出てきそう」な気がして、寡黙の一日を過ごしたことでした。そして、実習から帰って、今日こそはこの問題を解決していただかなくてはと、女子寮の地下のアイロン室にこもりました。祈ろうと座り込んだとき、一つの賛美が湧いてきました。新聖歌35番、「告げよ主に告げよ今　内にある悩みを　御恵みに富める主は　聞き給わん親しく（折り返し）主の許に降ろせ汝が　重き荷のすべてを　御恵みに富める主は　取り給わん残らず」。祈りました。「神様、わたしが何か重い荷を負っているのではないのです。この自我の塊である自分自身が重荷なのです。鮮やかに救われ、明確な召命もいただきここにいますが、このままだと、遣わされても何の役にも立たず、使い物になりません。こんなものは死んだほうがましです」と。すると、「その通りだ。だからわたしが生きる」との御声でした。何度もこのように聞いてきたにもかかわらず、自分のものになっていなかった、ガラテヤ人への手紙2章19節20節、「私はキリストとともに十字架につけられました。もはや私が生きているのではなく、キリストが私のうちに生きておられるのです」。キリストがついておられる十字架に、今、自分もつけられて死んでいる。降参しなさい、認めなさい、ローマ人への手紙6章11節。信じます。認めます。アーメンと、部屋を出ながら、「これでいいのかな」との思いでした。

その週の火曜日のチャペル。神はちゃんと確認させてくださるために、一人の先生をお遣わしくださいました。沢村校長のあとに部屋に入ってこられた白髪の高齢のご婦人でした。その先生は、松山名誉市民となられた、メーベル・フランシス先生でした。90歳くらいで、最後の来日のようでした。この先生が、実は、ちょうどわたしが二日前に通ったのと同じ体験をお話しくださったのでした。涙でノートも取れませんでした。「皆さん、人が死ぬことは悲しいですが、このメーベル・フランシスが死ぬことは大きな恵みでした」と語られました。アーメン。その夜は、女子寮三階のオルガン室にて、徹底した悔い改めをし、自我の死のヨルダンを渡りました。こんな穢れたもののうちにお宿りくださる内住のキリストを確認しました。言葉に尽くせない喜びに溢れました。土曜日、日曜日、水曜日と同じ教会に同じ神学生方と行きましたが、内にいてくださった方によってわたしが変えられましたので、いつも内におられるお方を喜びながらのご奉仕に変えられました。

3．聖霊のバプテスマ・その2

わたしには、もう一度危機的体験、言わば「聖霊のバプテスマ・その2」がありました。

1972年3月10日関西聖書神学校を卒業、3月12日から、母教会、神の国キリスト教会での伝道師としての奉仕が始まりました。25歳、一年目は、神の目の前というより、主管牧師の目の前での奉仕、受洗者も多く与えられました。二年目に入って、7月から11月の5か月間、霊の暗黒を通りました。あんな失敗をする「わたし」、こんな失敗をする「わたし」、ちゃんと求道者を導けない「わたし」、先生からは「あんたにもまだそんなところがあったのか」と指摘される「わたし」「わたし」「わたし」……。

今度は、「わたしの原罪」に直面させられたのでした。「原罪」という言葉は知っているし、聴いているし、語っても来たし、ところが、「わたしの原罪」Original sin. です。あのダビデが、大罪を犯し、うめきながら記した詩篇51篇5節。「ご覧ください。私は咎ある者として生まれ、咎ある者として、母は私を身ごもりました。」また、ヨブが、3章3節に「私が生まれた日は滅び失せよ。『男の子が胎内に宿った』と告げられたその夜も」と言ったように、生まれてこなければよかった。生きていくことが苦しい毎日。訪問先で、電車に飛び込めば死ねる。しかしそうもできない。

ある日、デボーションで使っていた小さい赤本、Daily Light on the Daily Path（日々の光）のタイトルを見て、これがあれば日々生きていけるとも思いました。教会学校や分校では、明るく語り、訪問先でも人々を励まし、まるで空中分解のような日々を過ごし、11月を迎えました。紅葉の美しい、旭川のほとりの施設に訪問に行き、自転車を踏みながら紅葉を眺めつつ、ふと、またしても「原罪意識」に、頭のてっぺんから足のつま先までとらえられました。その時、新聖歌432番『北の果てなる』の2節が心に浮かんだのでした。宣教の歌ですが、なぜか2節でした。「恵みの露は　草木にすら豊かにかかり　天《あま》つ栄え　野にも山にも満ち渡るを　などか人のみ　罪に染《そ》みし」。その「人」というのが、「わたし一人」と思えたのでした。全世界の人はみんなきれいで、わたしだけ罪に染んでいると。たまらない思いで、自転車を飛ばして教会に帰り、礼拝堂の講壇の前にひざまずきました。祈るというより、うめきました。この苦しみは地獄の苦しみだ、誰にも分かってはもらえないと。そのときです。「使徒信条」が思い出されたのです。「主はポンテオ・ピラトのもとに苦しみを受け、十字架にかかり、陰府に降り、三日目に死人の中からよみがえり……」。「陰府に降り」。「ああ、このキリストだけは、この今のわたしの苦しみを分かってくださる唯一のお方」と悟り、このキリストに生きるも死ぬるもお任せしようと、初めて静かな勝利が魂に訪れたのでした。「わたし」が生きれば「災」のみ。「キリストがわたしのうちに生きてくださる」。これが、わたしがこの地上に生かされている唯一の理由だと悟らせていただきました。

「私にとって生きることはキリスト、死ぬことは益です」（ピリピ人への手紙1章21節）と、パウロは言い切りました。with Christ（キリスト共に）、for Christ（キリストのために）、in Christ（キリストのうちに）と様々言えると思いますが、「私にとって生きることはキリスト」と、ストレートです。「生きるにしても、死ぬにしても、私の身によってキリストがあがめられることです」（ピリピ人への手紙1章20節）。

〈第59回 大阪ケズィック・コンベンション〉

クリスチャン生活とは

ロジャー・ウィルモア

ヨハネの手紙 第一 1章1~4節

1．グノーシス主義の誤り

ヨハネは第一の手紙を書いた理由を繰り返し説明しています。その一つは、グノーシス主義の誤りを明らかにするためでした。グノーシス主義はイエス・キリストの人間性と神性を否定し、イエスが実在しなかったと説く教えです。彼らは偽りの教師たちで、当時のクリスチャンに悪い影響を与えていました。

使徒の働き20章29、30節でパウロもこう語っています。「私は知っています。私が去った後、狂暴な狼があなたがたの中に入り込んで来て、容赦なく群れを荒らし回ります。また、あなたがた自身の中からも、いろいろと曲がったことを語って、弟子たちを自分のほうに引き込もうとする者たちが起こってくるでしょう」。

これこそヨハネが手紙で語った状況そのものです。ヨハネはグノーシスの教えを拒み、イエス・キリストは実在したとはっきりと語るのです。

この手紙の最も大切なキーワードは5章13節です。「神の御子の名を信じているあなたがたに、これらのことを書いたのは、永遠のいのちを持っていることを、あなたがたに分からせるためです」。「あなたがたに分からせるため」と強調されていることばに注目してください。ヨハネは、イエス・キリストの実在を知ることは可能だとはっきり言うのです。ヨハネはこの手紙を通して、①イエスは永遠に実在される、②イエスは歴史的に実在される、そして③イエスは体験的に実在される……ことが分かると言います。

ヨハネの福音書13章23節で、ヨハネは自分自身を「イエスが愛しておられた弟子」だと言いました。彼はイエスと個人的・人格的に親しい交わりを持ちました。心を尽くしてイエスを愛し、イエスに愛されたヨハネの姿を、わたしたちは彼が書いた書物の随所に見ることができます。わたしは、皆さんお一人お一人がヨハネのように、主との親しい交わりを持たれるよう、心から願います。

ヨハネは新約聖書に五つの書物を書きました。ヨハネの福音書、ヨハネの手紙第一、第二、第三、そしてヨハネの黙示録です。彼は福音書でイエス・キリストによる救いを語っています。手紙ではイエス・キリストによる聖化を語っています。そして黙示録では、イエス・キリストによる栄化を語っています。

それぞれの書物の鍵となる言葉を通して、ヨハネは自分が何を伝えたいのかを明示しています。たとえばヨハネの黙示録1章19節、「あなたが見たこと、今あること、この後起ころうとしていることを書き記せ」からは、ヨハネが黙示録で何を語ろうとしているのかはっきりわかります。ヨハネの福音書の鍵の聖句は20章31節です。「これらのことが書かれたのは、イエスが神の子キリストであることを、あなたがたが信じるためであり、また信じて、イエスの名によっていのちを得るためである」。


では、ヨハネの手紙第一の鍵となる聖句はどこでしょうか。実は四つあります。

最初の鍵は、先ほど読んでいただいた5章13節です。この言葉は大変重要です。皆さんの聖書の「あなたがたに分からせるため」の箇所にアンダーラインを引いてほしいと思います。この手紙は、わたしたちに救いの確信を与えてくれます。

二つ目の鍵は2章26節にあります。「私はあなたがたを惑わす者たちについて、以上のことを書いてきました」。ヨハネは、わたしたち聖徒を偽りの者から守るためにこの手紙を書いたと語ります。

三つ目の鍵は2章1節にあります。「私がこれらのことを書き送るのは、あなたがたが罪を犯さないようになるためです」。クリスチャンが誘惑に陥って罪を犯すことがないよう、ヨハネはこの手紙を書いたと言います。彼はわたしたちが罪のない者になるのでなく、罪を犯さない者になるのだと教えています。

四つ目の鍵となるみことばは1章4節です。「これらのことを書き送るのは、私たちの喜びが満ちあふれるためです」。

この手紙の鍵となる四つの聖句にはいずれも「これらのことを書いたのは」、「これらのことを書き送るのは」とはっきり書かれています。これらのみことばを通してもう一度思い起こしてほしいのは、わたしたちが救いの確信をはっきりと持ち、偽りの教えから守られて、習慣的な罪を犯さないようになり、信仰生活に喜びが満ちあふれる、それこそこの手紙が書かれた目的だということです。

この手紙を読むには、ヨハネが生きていた時代を考慮する必要があります。聖書学者のジョン・フィリップス博士は言います。「ヨハネは第一世代のクリスチャンで、その中で一番長生きした人物の一人でした。彼は第二世代のクリスチャンたちも見てきました。そしてこの手紙を書いている時点で、彼は第三世代のクリスチャンを見ています」。この指摘はとても大切です。

第一世代はキリスト信仰の「確信の世代」です。この世代は確信を持ってイエスを信じ受け入れ、イエスを熱心に伝えました。主のためなら自分を捨てることも厭わず、実際彼らの多くはキリストを信じるがゆえにいのちを失いました。信仰の錨としてとても大切な確信を、第一世代ははっきり持っていました。

その子どもたちの第二世代、多くのクリスチャンの信仰は、親の世代より少し弱くなってしまいました。

第三世代は、第一世代の孫たちの世代です。彼らは、意見を持つクリスチャンでした。第一世代は強い確信を持って信仰を始めましたが、第二世代になると自分を献身的にささげるまではありませんでした。さらにキリスト信仰は時間とともに様変わりして、第三世代では自分なりの意見を持つ信仰に変わって行きました。フィリップス博士は「まさに今、わたしたちはこの第三世代のクリスチャンとして生かされているのです」と言います。

パウロが警告した通り、わたしたちは尊いキリストの教義を歪曲する「凶暴な狼」が横行する時代に生かされています。彼らは、知識、知性、洗練の名のもとにそれを行い、わたしたちの意見に働きかけてくるのです。わたしたちはイエスについての意見を聞くために聖書を読むのではありません。イエスがどんなお方なのか正しく知るには、みことばを素直に受け入れなければなりません。ヨハネはイエスの実在をはっきり証しし、擁護できる存在でした。彼は自分の目でイエスを見、自分の耳でイエスのお言葉を聞き、自分の手でイエスを触り、イエスをはっきりと知っていると証言しました。

2. イエス・キリストの実在性

ヨハネは、①イエスは永遠に実在される、②イエスは歴史的に実在される、そして③イエスは体験的に実在されることを教えています。

①イエスは永遠に実在される

永遠に実在されるとはどういう意味でしょうか。ヨハネの手紙第一1章1節でヨハネは「初めからあったもの」と言います。イエスは世界が始まる以前からすでにおられたのです。さらに「私たちが聞いたもの、自分の目で見たもの、じっと見つめ、自分の手でさわったもの」だとも語っています。永遠の昔から存在されるイエスは、同時にいま目で見える存在になってくださったと言うのです。ヨハネの福音書1章1節の「初めにことばがあった」は、ある時点にイエスが現れたことではなく、イエスは永遠の存在だとわたしたちに教えてくれます。使徒パウロもコロサイ人への手紙1章16～18節で「御子は万物に先立って存在し、万物は御子にあって成り立っています」と言います。イエス・キリストは永遠に実在されるお方で、彼が存在しなかった時間は一瞬たりともなかったのです。

②イエスは歴史的に実在される

ヨハネはまた、イエスが歴史的に実在されたと語ります。永遠に実在されるイエスは、ある限られた期間と場所とを選ばれて処女マリアの胎の中に宿られ、からだと血を持った人となってこの地上に実在されました。イエスは誘惑されました。泣かれました。飢えを感じられました。肉体的、精神的苦痛も感じられました。人は彼を罵り、拒み、嘲りました。イエスは本当の人間でした。グノーシス主義はキリストの神性も人間性も認めません。このグノーシスの教えをヨハネはすべて否定します。

それは、イエス・キリストは永遠の神として実在され、歴史的に人として存在された方だからです。

③イエスは体験的に実在される

ヨハネはさらに、イエスをわたしたちが体験できると証しします。「私たちが聞いた……自分の目で見た」と彼は言います。ヨハネの世代はイエスから直接聞き、イエスを見たのです。「自分の手でさわった」とヨハネは言います。ヨハネは、イエスを実体験として知っていました。これは驚くほどはっきりした、説得力のある証しです。

皆さんもイエス・キリストの証人となってください。あなたも、家族や友だちにキリストを伝えることができます。何を語ればよいのでしょうか。あなたが聞いた福音を語ればよいのです。あなたの耳で聞き、あなたの心に主が語られたみことばを、あなたは語ることができます。あなたの霊の目を通して見たことをはっきりと証言できます。ヨハネのように、皆さんも自分がイエスにさわったと証言できます。このような歌詞の賛美があります。「彼は生きておられる、生きておられる、いま、今日も生きておられる」。もし誰かから「キリストが生きておられるのがなぜわかるのか」と尋ねられたら、わたしたちは「彼はわたしのうちに生きておられる」と証しできるのです。

イエス・キリストは想像上の存在ではありません。彼は本当の人間です。わたしたちは、この世界に神であるお方が人となって来てくださったと証しできます。彼はわたしたちのために十字架に架かって死んでくださいました。彼はよみがえられてわたしたちの内に生きておられます。この福音を信じるわたしたちは、彼を知っているのです。

結び

最後にもう一度ヨハネの手紙第一1章4節をご覧ください。ヨハネは、真の喜びがキリストにあるとわたしたちに教えています。わたしたちが住むこの世界は、不確実で罪にまみれた暗闇の世界です。そんな世界に生きていても、イエス・キリストにある喜びがわたしたちに満ちあふれると、ヨハネは言うのです。

英国の説教者F・B・マイヤーは、「喜びは、イエス・キリストを主であり救い主であると本当に知っている人の人生にはためく旗である」と言いました。英国の国王がバッキンガム宮殿におられる時は、国王を象徴する旗が宮殿に完全に掲げられました。宮殿に揚げられた旗を見ると、ロンドンの住民たちには「ああ、宮殿に王様がいる」とはっきり分かりました。わたしが強調したいのは、「皆さんの心の内にイエス・キリストがおられるなら、皆さんの人生に喜びの旗がはためいている」ということです。イエスは現実の存在です。今晩、わたしの心からの願いは、あなたがキリストに確信を持たれることです。彼について知るのではなく、彼との交わりの中で彼を深く人格的に知ってくださるよう、心から祈ります。

（文責　山本 達理）

〈第18回 東北ケズィック・コンベンション 聖会Ⅰ〉

ともに生きる

永井 信義

詩篇133篇

見よ。なんという幸せ　なんという楽しみだろう。
兄弟たちが一つになって　ともに生きることは。
それは　頭に注がれた貴い油のようだ。
それは　ひげに　アロンのひげに流れて
衣の端にまで流れ滴る。
それはまた　ヘルモンから
シオンの山々に降りる露のようだ。
主がそこに
とこしえのいのちの祝福を命じられたからである。（詩篇133篇）

この東北ケズィック・コンベンションの一つの大きなテーマは、「キリスト・イエスにあってみな一つ」です。教団や教派を越えて神の恵みを求めることができること、皆さんとご一緒にこのようにして、お会いすることができることを心から感謝いたします。

イエス・キリストにあってわたしたちが一つであるという一つの大きなテーマがわたしたちに与えられています。この聖会は神がわたしたちを一つにしてくださっているという恵みを味わう場所だということができます。「なんという幸せ、なんという楽しさだろう。兄弟たちが一つになって、ともに生きることは」。そのような中にわたしたちが生かされていることを本当に心から感謝したいと思います。

最初の教会もこの喜びを体験していました。使徒の働きの2章1節、あのペンテコステの日にも、神がクリスチャンたち、信じる者たちを一つところに集めてくださいました。そして、そこに聖霊が注がれました。そして教会の歩みがスタートしたと言うことができるでしょう。

さらに使徒の働き2章を読み進めていきますと、「彼らはいつも使徒たちの教えを守り、交わりを持ち、パンを裂き、祈りをしていた。すべての人に恐れが生じ、使徒たちによって多くのしるしと不思議が行われていた」(42~43節)。集まっているときに、神が一つとしてくださるその中に神が働いてくださったということです。

「信者となった人々はみな一つになって、一切の物を共有し、財産や所有物を売っては、それぞれの必要に応じて、皆に分配していた」（44〜45節）。私たちは今場所を共有し、時を共有し、そして神のみことばを共有しと、いろんなものを共有しています。

「そして、毎日心を一つにして宮に集まり、家々でパンを裂き、喜びと真心をもって食事をともにし」（46節）ていた。そしてさらにこのように書かれています。「神を賛美し、民全体から好意を持たれていた。主は毎日、救われる人々を加えて一つにしてくださった」（47節）。そこに神がおられたからです。

最初の教会は順調にその歩みを進めていったわけではありません。すぐに彼らは困難に陥ります。迫害が起きます。神を伝えることは禁じられます。イエスが救い主であるということを伝えることが妨げられる。そういうような状況に陥るわけです。しかし、その時にも彼らは一つになって、神に祈り求めたのです。

「これを聞いた人々は心を一つにして、神に向かって声をあげた」と4章24節には書かれています。彼らが祈り終えると、集まっていた場所は揺れ動き、一同は聖霊に満たされ、神のことばを大胆に語り出したのです。

わたしたちの上に聖霊が臨むときに、わたしたちは力を受けます。神はわたしたちを力づけてください ます。ここでも人々は心と思いを一つにしていたのです。

詩篇133篇では、一つになることによって神が与えられる恵みを次のようにたとえています。「それは、頭に注がれた尊い油のようだ」。

神がわたしたちを一つにしてくださっているときに、神の祝福、神の恵み、神の力づけが、油のように注がれているということです。その油が注がれることがこのように続けて表現されています。

「それは　ひげに　アロンのひげに流れて

衣の端にまで流れ滴る」。

その注がれた油が頭だけではなく、彼のひげにまでもさらに滴れる。そして、さらに着ている衣の端にまで流れているのです。それはまるでその人が歩いていると、油がタラタラと落ちていく感じです。そのような様子をぜひ想像していただければと思います。

わたしたちが集まるときに、そのような油注ぎ、聖霊の満たし、恵み、祝福を、神はわたしたちに与えてくださるのです。今まさに、わたしたちが集まるこのところに神は油注ぎ、満たしを備えてくださっているのです。

この「衣の端にまで」という表現を読むとき、新約聖書の中にある出来事が思い起こされます。それはマタイの福音書9章に、マルコの福音書（5章）でも、ルカの福音書（8章）でも、つまり、共観福音書すべてに記録されている出来事のひとつです。

「十二年の間、長血をわずらっている女の人が、イエスのうしろから近づいて、その衣の房に触れた」(マタイの福音書9章20節)と書いてあります。衣の一番下の方の、ふだん誰も触らないような部分にこの女の人は触れたのです。「この方の衣に触れさえすれば、私は救われる」(21節)と彼女は考えていたからです。

神さまが働かれるとき、その衣の端にでも触れれば救われる、癒やされる、そういう信仰が人々の中に起こるのだということを、わたしたちはこの出来事をとおして確認することができるのではないでしょうか。

主イエスは振り向いて彼女にこう言われました。「娘よ、しっかりしなさい。あなたの信仰があなたを救ったのです」(22節)。そのとき、彼女は癒やされたのです。

わたしたちが一つに集まるときに、そこに神がわたしたちに油を注いでくださり、そして、それがその裾にまで、端にまで行き渡り、それによって人々が救われ、癒やされていくのです。

一般的に教会の敷居は高いものです。だから、キリストのからだである教会に連なるクリスチャン一人ひとりが遣わされているところ、つまり、衣の房、端のような、それぞれが置かれているところで、むしろ神が働いてくださるのではないでしょうか。だから、実際に教会に来なくても、クリスチャンと出会うところで神の救い、癒やしがなされていくのです。

アブラハム、そして、アブラハムの子孫であるわたしたち神を信じる者たちは、「あなたは祝福となりなさい」、「地のすべての部族は、あなたによって祝福される」（創世記12章2、3節）と約束されているとおりに、まわりに祝福をもたらすために用いられるのです。

ですから、救いのための導きも癒やしのための祈りも、信じる者にゆだねられている働きだと思います。かつて、奉仕していた教会で、たびたび「最後の救いの導きは牧師にお願いします」、「病気の癒やしのために、牧師に祈ってもらいましょう」と求道者などが連れて来られました。しかし、そのような人との出会いへと導かれた者が導き、祈ることができるのではないでしょうか。

さらに詩篇133篇では、「ヘルモンからシオンの山々に降りる露のようだ」と表現されています。イスラエル最北端の万年雪をたたえるヘルモンの露が、南200キロに位置するシオンに降りる、つまり、わたしたちの理解を超えたことを神がなさるということを示していると考えられるのです。わたしたちが一つになって神に求めるとき、想像をはるかに超えた働きをなしてくださるのです。

使徒の働き12章に記されているのですが、ヘロデ王によってペテロが捕えられ、牢に閉じ込められていました。

「ヘロデはペテロを捕らえて牢に入れ、四人一組の兵士四組に引き渡して監視させた」（4節）。

そのような状況の中で教会は熱心に彼のために祈っていました。わたしたちが一つになって、神に祈り求めていくとき、神は私たちの想像や理解を超えて働いてくださるのです。

ヘロデがペテロを引き出そうとしていた日の前夜に神のみわざが起こりました。ペテロは兵士の間で鎖につながれて眠っていたのですが、主の使いが現れ、彼の脇腹を突いて起こします。「急いで立ち上がりなさい」（7節）という御使いのうながしと同時に、彼の手から鎖が外れ落ちたと記されています。御使いの指示にペテロはついて行くのですが、聖書はペテロには「御使いがしていることが現実とは思えず、幻を見ているのだと思っていた」（9節）と表現しています。

ペテロの置かれていたのは絶体絶命、諦めるしかない状況だったと言えるでしょう。しかし、わたしたちがともに集まり、神の前に祈るとき、わたしたちの想像や思いを超えた神のみわざが起こるということを忘れてはなりません。そして、これこそが詩篇がわたしたちに伝えている「幸せ」、「楽しさ」なのです。この「幸せ」、「楽しみ」をわたしたちの信仰の歩みにおいて味わい続けたいと心から願います。

「ともに生きる」ためには、一つとなる、一致が必要であることは言うまでもありません。一致には献身（コミットメント）が求められると思います。お互いのために自分自身をささげるという献身です。

このような集会には、さまざまな神学的な立場の方が集われています。もし、同じ神学的な理解や解釈に同意できないのなら、一つではないとするなら、論争は起きても、一致することはできないでしょう。ですから、一致は同意とは違い、お互いのために仕え、支えるという献身だと言えます。

神がわたしたちを一つにしてくださっています。一致はですから、結婚関係のようなものです。わたしたちは一つであることを選ぶのです。一つであることに献身するのです。そこに神が働いてくださる。そこにわたしたちの思いや願いを超えた神の働きを見ることができるのです。

主イエスは「父よ。あなたがわたしのうちにおられ、わたしがあなたのうちにいるように、全ての人を一つにしてください。彼らもわたしたちのうちにいるようにしてください」（ヨハネの福音書17章21節）と祈られました。この祈りは主イエスが祈られたのですから、必ず聞かれ、答えられます。

そして、その祈りの答えとして、今、わたしたちは様々な背景から、いろいろなところから集められ、ともに生きる者とされています。ですから、わたしたちは一つであること、一つとされていることを心から感謝し、一つであることを味わい、喜び、楽しみ、その幸せをさらにかみしめていこうではありませんか。

〈第58回 北海道ケズィック・コンベンション バイブル・リーディング1〉

信仰の旅路に必要なもの

ジョナサン・ラム

ヨシュア記1章1～11節

今日は、ヨシュア記1章から「信仰の旅路に必要なすべてのもの」と題して語ります。ヨシュアとい名前は、ヤーウェなる神は救いであるという意味で、ヨシュア自身はわたしたちを救い出してくださる方であるイエスを表します。イエス・キリストは、わたしたち一人一人を天の国へ招き、神の家族に入れてくださいます。

ですからヨシュア記は、わたしたちにイエスがどのようなお方かを示す書物でもあるのです。そして、ヨシュア記が教えていることは、神が約束なさることは必ず成就するということです。今日は、ヨシュア記1章から、わたしたちがキリストの弟子として信仰の旅路を続けていくために、四つの励ましとなることを学びます。

第一は「神の約束を信頼する」ことです。1章2節には「あなたとこの民はみな、立ってこのヨルダン川を渡り、わたしがイスラエルの子らに与えようとしている地に行け」と語られています。この箇所は神の民にとって、大きな転換期と言えます。モーセはイスラエルの民が40年の荒野の旅を導いた指導者でした。そのモーセは死んだが、神の約束は死なず、有効であり、今こそ約束を信じるようにと語られるのです。だからこそ2節で主は「わたしがイスラエルの子らに与えようとしている地に行きなさい」と語られたのです。日本語では「わたしがイスラエルの子らに与えようとしている」ですが、別の読み方では「わたしがあなたがたに与えた地」という確実な約束なのです。

11節にも「主があなたがたに与えて所有させようとしておられる地を占領するために」と語っておられます。この約束がイスラエルの民が前に進んでいく土台です。ですから、前進するために必要なことは、神の約束を知り、信頼し、進むことです。そして、神の約束は必ず成就されると信じることです。

6節で「あなたはわたしが父祖たちに与えると誓った地を、この民に受け継がせなければならない」と、神が父祖たちに誓ったと語られています。誓いという言葉は、約束よりももっと強い意味の言葉です。神は誓いを通して、その約束を必ず行うと宣言なさっておられるのです。

けれども、ヨシュア記が語っているのは、神の約束は100％確実であるということです。神の約束はヨシュアの出来事を通して成就したのみでなく、今も主の救いの約束は働いています。たとえばパウロはコリントの信徒への手紙二1章20節で、「神の約束はすべて、この方において『然り』となったからです」（協会共同訳）と語っています。ですから、この福音は信じる者にとって神の力であると、神は本気で語っておられるのです。

わたしたちがクリスチャンとして生きる中で、いろいろなことを体験するとしても、神が命じたことがどのようなことであるとしても、わたしたちが絶対的に信頼できることは、神の約束は必ず神が成就されるということです。

二つ目のポイントは「神がともにおられることを知る」です。「あなたの一生の間、だれ一人としてあなたの前に立ちはだかる者はいない。わたしはモーセとともにいたように、あなたとともにいる。わたしはあなたを見放さず、あなたを見捨てない。強くあれ。雄々しくあれ」（5〜6節前半）。この「強くあれ。雄々しくあれ」という言葉は、神がヨシュアにくり返し、念を押すかのように励ましておられる言葉です。6節では「強くあれ。雄々しくあれ」。7節では「ただ強くあれ。雄々しくあれ」。9節は「わたしはあなたに命じたではないか。強くあれ。雄々しくあれ」と、ヨシュア記の中でこの同じ命令が8度も語られているのです。

それは、ヨシュア自身が、神からの命令を聞く必要があったからです。ヨシュアは、モーセの後のあまりにも大きな責任を、突然受け継ぎました。ヨルダン川を渡ってその地を取れという命令が、ヨシュアにとってどれほど大きな重荷であったかは想像できます。ヨシュアの周囲には多くの民がおり、数多くの子どもがいて、家畜、持ち物などを引き連れ、ヨルダン川の前に来ているのです。続きを読めばわかりますが、ヨルダン川の水嵩も増えていたのです。

今、家族の中で、北海道の教会で、神が与えられた使命、自分の進む道の困難を思うと、わたしたちは「どうしてこれができるだろうか」と考えます。聖書の人物や教会の歴史の人物は、わたしたちと同じように自分の弱さを知っている人々です。しかし、わたしたちは、神の約束されたこと、神はいつも一緒にいると保証してくださっていると知っているのです。皆さんの中にも、今、自分にとってのヨルダン川を渡るような状況の人もいるでしょう。また、目の前に水嵩が増えて決して自分の力では渡ることができないという人もいるでしょう。わたしの力では不可能だという状況に直面している方もいるかもしれません。

しかし、このヨシュア記1章の命令は、ただ神は命じておられるだけでなく、必ず「わたしがあなたとともにいるではないか」や、「わたしは決してあなたを見捨てることも見放すこともない」という約束が伴っています。ですからわたしたちが、主から命じられるときに、「神がともにおられる」ことを知っているのが最も重要です。

イエスがわたしたちを召してくださった際にも、同じことを約束しておられます。「わたしは世の終わりまで、いつもあなたがたとともにいます」（マタイの福音書28章20節）。

第三のポイントは「神のことばに従う」ことです。「ただ強くあれ。雄々しくあれ。わたしのしもベモーセがあなたに命じた律法のすべてを守り行うためである。これを離れて、右にも左にもそれてはならない。あなたが行くところどこでも、あなたが栄えるためである。このみおしえの書をあなたの口から離さず、昼も夜もそれを口ずさめ。そのうちに記されていることすべてを守り行うためである。そのとき、あなたは自分がすることで繁栄し、そのとき、あなたは栄えるからである」（7～8節）。

すぐ道に迷う友人がいます。彼は、どこかへの行き方を聞いてもすぐに忘れてしまうので、聞いたことを自分の口で反復するのです。そして出発すると奥さんに、教えてもらったことを語りながら運転を始めます。それが、神の言葉を聴いて、一つ一つを反復していくことによって、吸収していくことに通じるのです。このプロセスが非常に重要です。

主は、ヨシュアに対しても、わたしたちに対してもみ言葉を反復しなければならないと語っておられます。わたしたちがキリストの弟子として地上で生きていく時に非常に重要なことは、神の言葉がわたしたちの内で生きて働くということです。み言葉にはわたしの考えや、感情などを変えてく力があります。わたしたちが何かを決断するときに、神の御言葉が決めていくようにならなければならないのです。

ケズィックの集会の大きなテーマの一つは、「神の言葉を聞く」ということです。そして、初めて私たちはキリストのようになることができ、神から委ねられた使命を果たすことができるのです。ただ注意したいことは、口ずさむだけでなく、「すべてを守り行うため」（8節）と語られています。それは、信頼して従うということです。英語では、聖書を横に首を振って読みます。しかし、日本語は縦に首を振って、「はい。はい」と読みます。その姿勢でみ言葉を読んでほしいのです。

パウロは、ピリピ人への手紙1章27節で、「ただキリストの福音にふさわしく生活しなさい」と語りました。ヨシュアは神の言葉を受け取ったのですが、それを行動にしていく必要がありました。わたしたちクリスチャンも福音に値する生き方をしなければならないのです。

第四は、「神の民が一つとなること」です。ヨシュアが考えているのは、自分のことではなく神の民全体のことです。2節で主は「あなたとこの民はみな」と語っています。イスラエルの民が約束の地に入るのは、ヨシュア一人の努力によるのではなく、イスラエルの民が一つとなることによってなのです。ですから、ヨシュアは、神の言葉を受け取った時、すぐにすべての民に分かち合い、一人一人がこのことに関わって行くことができるようにしました。

特に12節から18節に注目しましょう。ヨルダン川の東側に自分の土地を持ちたいと語っていた部族がいました。彼らは、ヨルダン川の東川は、戦わずにして、自分の土地を得ることができると考えたからです。しかし、ヨシュアは川を渡らない人々であっても、彼らもイスラエル全体と共に行動しなければならないと考えました。だから14節の最後で「あなたがたの兄弟たちより先に渡って行って、彼らを助けなければならない」と語っています。

これはわたしたちにとっても重要なチャレンジです。世界中の教会が、なかなか一つとなれない問題に直面しています。

感謝なことに、すべての民がヨシュアの言葉に同意をしました。「彼らはヨシュアに答えた。『あなたが私たちに命じたことは、何でも行います。あなたが遣わすところには、どこでも参ります。私たちは、あらゆる点でモーセに聞き従ったように、あなたに聞き従います。どうかあなたの神、主が、モーセとともにおられたように、あなたとともにおられますように』」(16～17節)。

クリスチャンとして皆でこの旅を続けていくときに一つとなるということが、どれだけ大事であるかということです。我々は、お互いを必要とする存在です。お互いが祈り合う存在です。共に神のために働くべき者です。ですからケズィックのモットーは、「我々はキリストにあって一つ」なのです。今では、イギリスではクリスチャンがマイノリティーになっています。日本でも同じかもしれませんが、そういう中で、我々はどのように生きていけるのか、どのように福音宣教ができるのか。また、反対を受ける中でどういうふうに自分の生き方を続けてけるのかと思うことがあります。

しかし、ヨシュア記1章では、四つのクリスチャンの生き方、それぞれの地域教会において、この地においてて協力して働くときに、第一に「神に本当に信頼する」のです。神の約束を本当に心から信頼するのです。第二に「神がいつも共にてくださる」ということを覚えること。第三に「神の言葉に従うこと」。第四に「キリストにあって一つであると実践して生きるということ」なのです。これが、わたしたちがこの世の中で信仰の旅路を続けていくのに必要なことなのです。

（文責　土屋 勇人）

あとがき

淀橋教会で5日間通して開催された第63回日本ケズィック・コンベンションは、ほぼ毎日雨が降るという悪条件の中で開催されました。しかし、その雨をものともせずに多くの方々が来場され、御言葉に耳を傾けるときとなりました。

今回の説教集は、日本ケズィック・コンベンションで語られた外国人講師の説教をすべて、日本人講師の説教は一編ずつを、そして例年のように各地区での説教も委員会で選んでいただき、一編ずつを掲載しました。

毎年ケズィックに参加して感じることが一つあります。それは、語られる説教に、「一つの流れ」があるということです。もちろん主題となる御言葉とテーマがあらかじめ発表されていますから、講師の方々もそれを心に留めて説教の準備をしてこられるのですが、それにしても聖霊なる神の導きがあったのだと受け止めざるを得ません。

海外講師の説教は、語られたものをもとにして、各地区の先生方が整えてくださいました。本文中に【文責】と記して、お名前を残しました。多忙な牧会生活の中で労を取ってくださいました。日本人講師の説教は、原則として説教者ご本人にまとめていただきました。なお今年は、阿部頼義先生（エバンジェリカル・コングリゲーショナル・チャーチ、グレースガーデンチャーチ牧師）が原稿の収集に労してくださいました。これらの先生方に心より感謝いたします。

編集・出版に際しては、安田正人兄（株式会社ヨベル社長）にお世話になりました。

日本の諸教会が、この困難な時代にあって、ケズィックの説教によって、慰められ、励まされ、ますます宣教に励むことができるよう祈りつつ。

２０２４年９月８日

日本ケズィック・コンベンション　中央委員・出版担当

大井　満

2024 ケズィック・コンベンション説教集

全地に満ちる主の栄光

The whole earth is full of his glory

2024 年 11 月 5 日　初版発行

責任編集－大井　満

発　行－日本ケズィック・コンベンション
〒 101-0062　東京都千代田区神田駿河台 2－1　OCC ビル内
TEL 03-3291-1910（FAX 兼用）
e-mail：japankeswick@gmail.com
発　売－株式会社ヨベル
〒 113-0033　東京都文京区本郷 4－1－1
TEL 03-3818-4851

印　刷－中央精版印刷株式会社
装　丁－ロゴスデザイン：長尾優

定価はカバーに表示してあります。

配給元－日キ販　東京都文京区関口 1-44-4　TEL03-3260-5670
ISBN 978-4-911054-42-0　Printed in Japan　©2024

日本ケズィック・コンベンション説教集

［既刊のご案内］（価格は税別表示）

2023 キリストの光に照らされて ● *1,500* 円

Guided by the Light of Christ

2022 キリストの日に向かって● *1,300* 円

Looking ahead the Day of Christ

2021 私たちの希望〜パンデミックの時代に〜● *1,300* 円

Our Hope – In the Pandemic Era –

2020 神の愛に満たされて ● *1,300* 円

Overflowing Love of God

2019 聖なるたたずまい ● *1,300* 円

Christlikeness

2018 聖霊に満たされて歩む ● *1,300* 円

Empowered by the Spirit

2017 真実の憐れみをもって招く神 ● *1,300* 円

God calling us with true mercy

2016 主にあって勝利するキリスト者 ● *1,300* 円

Victor in Christ

2015 主の栄光を映し出しながら ● *1,300* 円

Reflecting the glory of the Lord

2014 御座から流れるいのちの水 ● *1,300* 円

The living warter overflowing from His throne

2013 第一のものを第一に ● *1,300* 円

First things first-life

2012 十字架につけられた民を捜し求める神 ● *1,238* 円

God is seeking crucified people

2011 生きるとはキリスト ● *1,238* 円

To Live is Christ

2010 回復される神に出会う ● *1,238* 円

Meet The God Who Restores

2009 最前線からの手紙 ● *1,238* 円

Letters from the Front Line

2008 神は今、どこにおられるのか ● *1,238* 円

Where does God live today?

2007 福音の豊かさにあずかる道 ● *1,238* 円

Sharing in the Fullness of the Gospel

2006 聖なる道 —— キリストに生きる ● *1,429* 円

The Way of Holiness —— living in Christ

2005 すべてを可能にする神 ● *1,429* 円

All things are possible with God

2004 聖なる神に出会う喜び ● *1,429* 円

Joyful encounter with the Holy God

2003 変えられる祝福 ● *1,429* 円

The blessings of spiritual transformation

2002 聖霊による希望 ● *1,429* 円

Hope inspired by the Holy Spirit

2001 輝けるクリスチャン生活 ● *1,429* 円

Radiant Christian Living

2000 聖なる者となれ ● *1,429* 円

Be Holy

1999　日常生活の中の聖さ　● *1,524* 円

Holiness in Daily Life

1998　勝利する道　● *1,524* 円

The Way of Victorious Life

1997　恵み溢れる御手　● *1,524* 円

The gracious hand of our God

1996　聖なる輝き　● *1,456* 円

The splendour of His holiness

1995　聖なる挑戦　● *1,524* 円

The Holy Challenge

1994　聖手の下に　● *1,524* 円

Under His Lordship

1993　聖別された生活　● *1,650* 円

Holy Living

1992　永遠と愛　● *1,650* 円

Eternity and Love

1991　ホーリネスの美　● *1,524* 円

The Beauty of Holiness

【ポール・S・リース 説教集】 ● *1,800* 円

ハート オブ ケズィック

The Heart of Keswick

荒野から聖なる大路へ〔DVD 付き〕 ● *1,800* 円

日本ケズィック・コンベンション 50 年記念誌

日本ケズィック・コンベンション 50 年記念誌出版特別委員会［編］